ステーション授業構想で育てる！
教科横断型の学級経営

赤坂 真二・水流 卓哉 著

明治図書

効果的な教育の鍵は一貫・継続性

　本書は，学級担任のためのカリキュラム・マネジメントがテーマの書籍です。

　「あ，カリマネ本ね，だったら学校経営だから，担任が対象じゃないわ」と思わないでください。最初に申したように，「学級担任のための」本です。

　カリキュラム・マネジメントは，学校のグラウンドデザインや教育課程との関連が深いイメージがあり，学級担任や授業者からは少し遠い存在のように思われるかもしれません。

　しかし，しかしその本質は「つなぐ」ことです。

　カリキュラムとは，教育内容の配置のことと思われるかもしれませんが，そうではありません。何を学ぶかはその一部であり，子どもたちが何をどのように学び，どのような力をつけるのか，それはいわゆる学力だけでなく社会性や人間性を含めた総合的な力をつけるための全体計画のことです。

　日々の授業づくりや教育活動の推進に注力していると，あまり意識することはないかもしれませんが，子どもたちは特定の授業，特定の教育活動で育っているというよりも，みなさんが日々実践されている，カリキュラム全体から受け取るメッセージによって，影響力を受けているのです。

　子どもたちに最も影響を及ぼすのは，子どもたちが教育活動や学校生活を通じて一貫して受け取ったメッセージです。だから，やっていることが適切かどうか，妥当かどうかは一旦おいておいても，一貫性のある継続的な指導ができる教師は，影響力が強い，つまり指導力の高い教師ということができます。

　学級は登校している子どもたちにとっては，毎日のように過ごす場所です。そのあり方から，子どもたちは日々，様々なことを学んでいます。学級のあり方は，かなり影響力の強いカリキュラムだといえるのです。

かつての学校や社会は，勉強すれば将来何かいいことが保障されるというような単純なメッセージを発していました。しかし，今は価値観が多様化し，どう生きることが幸せにつながるのかよくわからなくなってしまっているところがあります。そうした価値観の多様な世の中でも，大事なものとして多くの人が認識しているのが「人と人とのつながり」なのではないでしょうか。

　良質なつながりは，私たちに癒しと活力を与えます。つながりが学ぶ意欲を高め，教室の活性化を促します。多様な学習活動によって，一貫性を損ないがちなカリキュラムからのメッセージを，学級経営を基盤にして，各教科をつなげ，子どもたちが学びやすくするための力を育てようとする授業構想が，本書のテーマであるステーション授業構想です。

　1章では，学級経営でつなぐカリキュラム・マネジメントがなぜ必要かを説きます。そして，2章では，学級経営でつなぐカリキュラム・マネジメント（ステーション授業構想）とは何かを説明します。そして，3章では，ステーション授業構想における具体的な授業のあり方，また，4章では，主に特別活動等を主な舞台にした生活指導のあり方を示します。5章では，本書の提案をより効果的に機能させるためのこれからの学級経営のポイントを示しています。6章では，そもそもステーション授業構想と呼ばれる学級経営でつなぐカリキュラム・マネジメントがどのような背景から生まれたのか，解説します。本書の内容と本頁をまた理解する手助けとなることでしょう。

　本書を通じて，教師が学級経営とカリキュラム・マネジメントを統合し，より効果的な教育を実現するためのヒントを得られることでしょう。教育現場は常に変化し続けていますが，教師が子ども一人ひとりの成長を支え，クラス全体の調和を図るための努力は変わりません。本書がその一助となることを心から願っています。

赤坂　真二

初任時代，子どもたちから教えられたこと

　「『クラス会議や学級のことは自分たちで決めていいよ』っていうのに，なんで授業は先生が全部やっちゃうの？」

　初任時代，担任していた子どもたちからこんな質問をされました。「学級会やクラス会議は子ども主体の活動」「教科や行事は先生が指導するもの」と誤った捉えをしていた当時の私は，質問の意図を理解できませんでした。その後も子どもたちからの質問が続きます。

　「なんで学活は協力するのに，勉強は一人でやらないとだめなの？」
　「先生なしでもみんなで協力すればできると思うんだけど……」

　今思えば，「学級活動はみんなで協力しているんだから，教科の学習だってみんなで協力してもいいでしょ」「先生，私たちのことを信じてもっと任せてよ」という子どもからの強い訴えだったように思います。未熟な私は，そんな子どもたちの思いをくみ取ることができませんでした。子どもたちが本来もっているであろう主体性の芽や，自治的・自発的な集団へ向かおうとする一歩を阻害していたのだと思います。

　アクティブ・ラーニングをはじめとして，子どもたちの主体性や当事者意識を育むことがより一層大切な時代になりました。ですが，上記のエピソードからもわかるように，子どもの主体性向上の障壁となっているのは「教師」の存在ではないでしょうか。そして，そんな「教師」の主体性や，当事者意識を奪っているのも実は「教師」なのではないかと思います。

　その理由の一つに，教師による「揃える文化」があると思います。教室の掲示物のレイアウトの統一にはじまり，学級通信を発行するかどうかや，整

列の順番，さらには宿題で使う漢字練習ノートのマス目の数まで細かく統制している学校もあります。目的なき方法論を強制されることによって，学級担任とその子どもたちが創意工夫できるはずだった余白がどんどん狭くなります。「教室」という真っ白なキャンバスを，教師と子どもとで色づけていくところに楽しさがあるのに，その楽しさが奪われているのが現状ではないでしょうか。当然，楽しさや，やりがいを搾取された教師から，子どもたちも楽しさを得ることはないでしょう。

　良質な学習環境をシェアするということは，掲示物の貼り方を揃えることでもなく，学級通信を出すか出さないかを揃えることでもないと思います。大切なのは「方法論の共有」ではなく，「どのような子を育てたいのか」「どのような力をつけたいのか」という「考え方の共有」ではないでしょうか。

　冒頭で述べた出来事があってから数年，子どもたちが「僕たち，先生がいなくても大丈夫だよ」「先生，ここから先の活動は私たちに任せてね」と声があがるような学級を目指して，研究と実践を積み重ねてきました。いわゆる，集団づくりの究極形態と称される「自治的集団」を実現したいと思っていたからです。ですが，「クラス会議を実践したから」「道徳の授業に力を入れたから」といって，自治的な集団としてまとまっていくわけではありません。**「一貫・継続的な指導」を「カリキュラム全体を通して」実践していくからこそ，質の高い集団としてまとまっていくのです。**

　本書のテーマは「ステーション授業構想（学級経営でつなぐカリキュラム・マネジメント）」です。人とつながって生きていける子どもを育てるために，一貫・継続性を担保しながら現場実践レベルで取り組めることをまとめたつもりです。学級経営をシェアする学校経営の実現に向けて，現場で奮闘する先生方の一助となることを心から願っています。

水流　卓哉

もくじ

効果的な教育の鍵は一貫・継続性　2

初任時代，子どもたちから教えられたこと　4

1章　変わりたい教室，変われない教室

❶　学力は集団に宿る　10

❷　令和時代を生き抜く戦略　12

❸　コミュニケーション能力はいつ，どこで身につく？　14

❹　カリキュラム・マネジメント　教育的効果の最大化　16

❺　「つなぐ・つなげる」ための準備体操　19

2章　学級経営でつなぐカリキュラム・マネジメント

❶　学級経営でつなぐために　26

❷　戦略の中核をなすものは　社会的スキルの獲得　30

❸　戦略の左腕　日常生活に汎化する　43

❹　戦略の右腕　教科場面に汎化する　46

3章　個と個がつながる「学級システム」

❶　たった5分で学級を温める「学級アクティビティ」　56

≫活動名　「ペン」DE「リレー」　57

≫活動名　なんでもバスケット　59

≫活動名　「せーの，パン！」であつまろう　61

❷ 朝の会・帰りの会でつなぐ　63

❸ 「やらされ当番活動」を「成長の種」にする　67

❹ 進化する係活動　個と個がつながる　71

❺ 指導力のある教師は学校行事をうまく利用する　75

4章　クラス会議×教科で考える「授業デザイン」

❶ 実践例：クラス会議×ICT機器の親和性　82

❷ 実践例：クラス会議×国語の親和性　88
▶小学1年生　もじをかこう　89
▶小学6年生　プロフェッショナルたち　92

❸ 実践例：クラス会議×算数の親和性　96
▶小学4年生　面積　98
▶小学3年生　大きい数のわり算　101

❹ 実践例：クラス会議×社会の親和性　104
▶小学5年生　我が国の工業生産　106

❺ 実践例：クラス会議×理科の親和性　112
▶小学6年生　ものの燃え方　113

❻ 実践例：クラス会議×特別の教科　道徳の親和性　118
▶小学2年生　およげない　りすさん　121
▶小学5年生　ブランコ乗りとピエロ　124

5章　「コミュニケーション能力5.0」を目指す学級づくり

❶ 実はすごいぞ，フィードバック！　130

❷ 学級経営のつながりを視覚化する教室掲示　134

❸ カリキュラム・マネジメントシートの活用　138

❹ つなぎたいと思わなければつながることはない　教師の信念　141

❺ コミュニケーション能力は生きるための手段に過ぎない　143

6章　学級経営でつなぐカリキュラム・マネジメントの発想

❶ 良質な学級環境を分かち合う　148

❷ 考え方と最低限の方法論を共有する　150

❸ 学級経営でつなぐカリキュラム・マネジメントの構造　152

❹ スキルを「学ぶ場」と「活用する場」の連動　155

「これまで」と「これから」の教育を見据えて　158

エビデンスのある実践のお供として　161

変わりたい教室，変われない教室

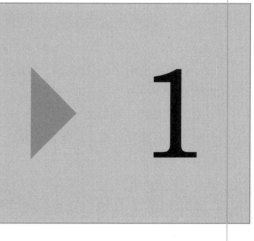

1章

1 学力は集団に宿る

16歳まで他人と比べるテストはなく，点数競争もない。義務教育の授業時間数は世界でほぼ最低。それなのに，国際学力調査によると学力はトップクラスであり，加えて幸福度ランキングやSDGsランキングでも上位に入っているフィンランド。そんなフィンランドにおいて重視されている教育学理論の一つに，「社会構成主義的な学習概念（socio-constructivist learning conception）」というものがあります。これは「学力を『構成』していくという活動は，個人的な活動ではなく人間関係や社会との関係の中で，よりよく達成されていく」ということを示しています[1]。

フィンランドと日本は歴史も社会体制も大きく違うので一概に比較することはできませんが，フィンランドは，社会で活用できる資質・能力の育成に向けて，**コンピテンシー（生きる力）をねらうカリキュラムが編成されている**といいます[2]。例えば，フィンランドの教育を調査した福田（2012）は「教師が答えを教えるとか情報を伝達するという教育ではなく，子どもが自ら，個人的にあるいは協同して知識や技能を校正していくという活動的・積極的な学習を原点に置き，そのような学習を支援することを教育ととらえている」と指摘しています[3]。つまり，**学力が上がった下がったという，学力の向上が目的ではなく，学力を身につけた先にある子どもの自立を教育において目指している**ということです。しかもそれを**全ての教科において展開**しようというのです。

また，フィンランド人は読書率が高いことで有名です。図書館の利用率は日本の5倍であることが報告されており，学びに対する認識が日本とフィンランドとでは異なることが明らかにされています[4]。日本における学びはテストで点数をとることや入試で合格することが目的となっているため，受動的であると指摘されています[5]。さらにフィンランドでは，競い合うのではなく，互いに積極的に教えたり学び合ったりするという姿勢が根付いているといいます。「授業」という名の「プロジェクト」の中で，**何かを生み出す**

楽しさや達成感を得られるというところに学ぶ価値を見出しているのです[6]。

　ここで，読書量と読解力の関係性に焦点を当てた興味深い調査があるので見ていこうと思います。小学校5年生と中学校2年生を対象に調査を行った小林（2006）は「まったく本を読まない子」に比べて，「少しでも本を読んでいる子」の方が読解力が高くなることを報告しています[7]。「いやいや，そりゃあそうだよね」と思うかもしれませんが，興味深いのはここからです。調査対象者となった子どもたちの読書量にはピークがあり，「月に4～5冊」をめどに頭打ちになってしまうというのです。つまり，月に4～5冊以上本を読む子は，小学生だと「読書量が増えるほどゆるやかに読解力が下がる」傾向があり，中学生になると「読解力は上がらない」ということが明らかになっているのです。ちなみに，皮肉なことにフィンランドでは読書量が多いと読解力が高まっていくことが明らかにされているようです[8]。

　また，「読書の多様性レベル」と「読解力」の関係を見ると，「いろいろなジャンルの本を読んでいる子どもは読解力が高い」ということが明らかになっています[9]。さらに小林（前掲）はこれらの結果を受けて「多くの本を読むことを通して社会への関心が高まり学びへの意欲が多少高まったとしても，それが個人的な活動にとどまっている限り，教科の学習を牽引したり，『読解力』を伸ばしたりするまでには至りにくい」「集団の中で知識を共有し合い考え合うような活動を経て初めて学びの質に変革が生じるということなのかもしれない」とまとめています[10]。つまり，**多くの本を読んで社会への関心や学びへの意欲が高まったとしても，それが自分の中にとどまっている限り，教科の学習や読解力の向上は難しく，集団の中で知識を共有し合えるような活動が必要である**ということです。そしてこの結果は，アウトプットありきのインプットをしていくことの大切さを示唆した結果であるといえるでしょう。

2 令和時代を生き抜く戦略

　このように，幸福感，学力ともに世界一であるフィンランドの事例は，他者とつながる力やコミュニケーション能力の必要性を示唆したものであると考えられます。翻って日本の教育現場においてはどうでしょうか。わかりやすいところでいうと，文部科学省が2024年10月に公表した「児童生徒の問題行動・不登校等生徒指導上の諸課題に関する調査結果の概要」では，小中学生のいじめや不登校の認知件数が過去最多数であったことが報告されています。つまり，今の時代，**「学校が楽しくて学校に行くことが嬉しくて仕方がない！」という子どもがいる一方で，「学校に行くことが苦しい，学校に対して非常に心理的な距離感がある……」という子どもも一定数いる**し，また，そういう子たちが増え続けている現状があるのです。

　そして，このような状況はわれわれ教職員においても同様です。文部科学省による「令和5年度公立学校教職員の人事行政状況調査について」では，教育職員の精神疾患による病気休職者数は7,119人で，令和4年度から580人増加し，過去最多数を更新したことが報告されています。つまり，今の学校は子どもたちだけでなく，**教師にとってもストレスフルな場所である**ということになります。

　こうしたストレス下において大事な能力として注目されるのが「レジリエンス」です。もともとは，「弾力」や「跳ね返す」といった意味の物理学用語ですが，精神的な防御力や抵抗力といった「心の回復力」という意味で使われることも多いようです。レジリエンスを高める要因としていくつかのことがわかっていますが，強いストレスによって傷ついた心が回復する条件として「信頼できる他者」が存在するかどうかがあるといわれています（仁平，2015)[11]。つまり，教師が子どもたちと信頼関係を築いていくことはもちろんのこと，**同じ学校の職員として教師同士が信頼できる他者になれるかどうか，子どもたち同士が信頼できる他者になり合えるかどうかが大切です**。そして，**教師−子ども**という関係性だけでなく，**教師−教師，子ども−子ども**という

つながりを強固なものにしていくことや，そのつながりを強化していくためにコミュニケーション能力を高めていくということが，これからの教育において重要なポイントになってくるといえるでしょう。実際に，心理学者のアルフレッド・アドラーも，私たちが人生で経験する悩みは全て「人間関係の悩み」に起因するといいます[12]。また，ハーバード・ビジネス・スクールの調査によると，コミュニケーション能力（対人関係の構築力）の差によって，年収に1.85倍もの差が生まれていたことが明らかにされています[13]。このように考えていくと，人間関係を左右するコミュニケーション能力は，「**人生をうまく生き抜いていくために必要な問題解決能力**」といえるかもしれません。

　それでは，これからの時代を生き抜くために必要となるコミュニケーション能力とはどのようなものでしょうか。「信頼関係を築いていく能力」と定義されることのあるコミュニケーション能力ですが[14]，コミュニケーション教育推進会議では，多文化共生時代の21世紀に求められる能力として，以下の４つのポイントが示されています[15]。

---

①　自分とは異なる他者を認識し，理解すること
②　他者認識を通して自己の存在を見つめ，思考すること
③　集団を形成し，他者との協調，協働が図られる活動を行うこと
④　対話やディスカッション，身体表現等を活動に取り入れつつ正解のない課題に取り組むこと

　これは約10年前のデータになりますが，他者とつながる大切さやコミュニケーション能力の育成については以前から指摘されており，学校教育の中にもカリキュラムとして組み込んでいく必要性が見て取れるかと思います。

　しかし，みなさんもご存知の通りコミュニケーション能力は「諸刃の剣」になります。例えば，SNSでのやりとりを介して闇バイトに手を染める学生のように，誤ったコミュニケーションを介して，トラブルに陥ってしまう事例も増え続けています。教育現場においてもICT機器が導入され，教育

や学習の質を変えていかなければならないはずなのに，子どもたちによる
SNS を媒介としたトラブルは後を絶ちません。このような状況を岡林
（1997）は「言葉をなくした若者たち」と表現していますが[16]，果たして，子
どもたちに適切な対人技能や社会的スキルなどのコミュニケーション能力を
育むことは不可能なのでしょうか。

3　コミュニケーション能力はいつ，どこで身につく？

　クラスの中を見渡してみると「私はコミュ障（コミュニケーション障害の
略）だから……」「僕はもともと人見知りだから発言が苦手……」「陽キャだ
から……，陰キャだから……」と話す子は少なくありません。それでは，コ
ミュニケーション能力は生まれつき標準装備された才能なのでしょうか。こ
こでは，対人技能や社会的スキルについても「コミュニケーション能力」と
一括りにして解説していきたいと思います。

　研究では，コミュニケーションに必要なのは「言葉を使ったり理解したり
する能力」と，「心を理解する能力」であり，これらの能力は，私たちの脳
に生まれつき組み込まれているということが明らかにされています（松井，
2013）[17]。そして，コミュニケーション能力の伸び方には，年齢や成長する過
程の中で「どのような会話」を「どのくらいしたか」が大きく影響すること
が実証されています。つまり，**コミュニケーション能力は「生まれつきの才
能」というわけではなく，「後天的に身につくもの」であり，人間の発達段
階や経験に比例して伸びていく**ということになるのです。それでは，コミュ
ニケーション能力を高めていくためには何をすればよいのでしょうか。

　コミュニケーション能力を高める上で，よく例として挙げられるのが，自
転車の乗り方のようなトレーニングです[18]。子どもの頃，自転車の乗り方を
覚えるために，まずは補助輪をつけてスタートすることが多いと思います。
少しずつ慣れてくると，補助輪を外して誰かに後ろで支えてもらいながら，
バランスの取り方や漕ぎ出す力加減を覚えてコツを掴んでいきます。そして，

いつの間にか自転車に乗れるようになるという経験や感覚です。たとえ何年も自転車に乗っていなくても，一度覚えた感覚はすぐに取り戻せる方が多いのではないでしょうか。

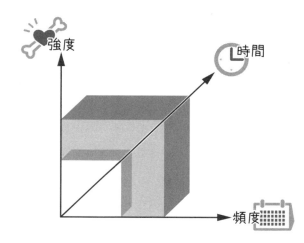

図1　強度×時間×頻度の介入モデル（向後，2017をもとに）

　向後（2017）は，何かをトレーニングしたり，勉強したりすることは，その行動の強度×時間×頻度によって特徴づけることができると示しています（図1）[19]。

　例えば，散歩であれば「低強度・短時間」の運動ですが，「低強度・長時間」であればウォーキングになります。逆に「高強度・短時間」であればダッシュになり，「高強度・長時間」であればマラソンという形態になります。さらに，これに「頻度」の次元が加わります。毎日やるのか，週1回なのか，月1回なのか，年1回なのか……ということです。そうすると，ある特定の種類のトレーニングを行うときに，どのような「強度×時間×頻度」を意識して行うことが最も効果的かという研究課題が設定できるでしょう。これはコミュニケーション能力においてもいえることです。子どもの実態にもよりますが，コミュニケーション能力も**強度×時間×頻度**」モデルのもと，他者とかかわる機会を意図的に増やしていくこと，すなわち，**コミュニケーション能力を発揮できるような場面を学校生活の中で意図的に増やしていくこと（カリキュラム・マネジメント）**によって，効果的にスキルが身についていくと考えられます。

4 カリキュラム・マネジメント

教育的効果の最大化

　冒頭で述べたフィンランドの教育事例からもわかる通り，学力をただ身につけるのではなく，社会で活用できる資質・能力を育成していくことがこれからの教育において必要になります。加えて，今期学習指導要領改訂に伴って「主体的・対話的で深い学び」，いわゆる，アクティブ・ラーニングの視点による授業改善が求められています。そこで必要になってくるのが「カリキュラム・マネジメント」の考え方です。「カリキュラム・マネジメント」について文部科学省からは，以下の３点が強調されています。

> 1. 各教科等の教育内容を相互の関係で捉え，学校の教育目標を踏まえた教科横断的な視点で，その目標の達成に必要な教育の内容を組織的に配列していくこと。
> 2. 教育内容の質の向上に向けて，子供たちの姿や地域の現状等に関する調査や各種データ等に基づき，教育課程を編成し，実施し，評価して改善を図る一連の PDCA サイクルを確立すること。
> 3. 教育内容と，教育活動に必要な人的・物的資源等を，地域等の外部の資源も含めて活用しながら効果的に組み合わせること。

　田村（2017）は，これを簡潔に①カリキュラム・デザインの側面，②PDCA サイクルの側面，③内外リソースの側面としています[20]。

　難しいワードが並んでいますのでざっくりまとめると，子どもたちに社会でも使える能力を身につけるために，**どこかのひな型に沿って行うのではなく，その学校や地域にあるリソースを生かして学校独自のカリキュラムを構築**していきます。そして，「子どもたちにとって最適な教育とはどのようなものか」ということを学校が主体となって模索し，改善してくことがカリキュラム・マネジメントになります。つまり，**社会で生きる力に直結する資質・能力を身につけられるよう，授業の中にアクティブ・ラーニングの考え**

方を取り入れていこうということになります。

　本書をお読みの方の中には，早くからカリキュラム・マネジメントの必要性に気づき，学校現場の中で実践している方もいらっしゃるのではないでしょうか。例えば，小学校６年生の社会科の授業で歴史を学び，関連のある地域の歴史について総合の時間でさらに探究し，その価値やよさを町に発信していくような学習展開が考えられるかと思います。また，国語の授業を通して日本の古典や文化について学んで，英語の授業でかかわっている ALT の先生に，英語で日本のよさをプレゼンするという展開も考えられます。いずれにしても，カリキュラム・マネジメントを考えていく際には，図２のように特定の教科等を中核に据えて展開していくことや，関連性のある単元を結びつけた教科等横断的な学習展開がわかりやすいです。取り組まれている方も多いのではないかと思います。

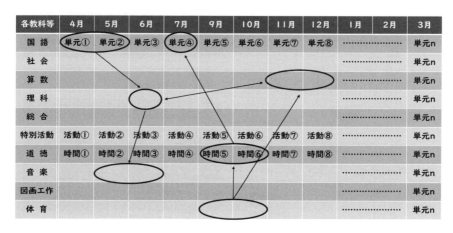

図２　単元配列表を作成するイメージ（田村，2017をもとに）

1章　変わりたい教室，変われない教室　17

ただ,「つなぐ・つなげる」ことが目的化しないようにする必要があります。カリキュラムと一口にいっても，1年間を見通したものから，1単元，本時など，内容に幅があります。子どもの実態と対話しながら年間のカリキュラムを更新し続けていくことが必要になります。このようなことを考えていくときに，田村（前掲）が示す「カリキュラム・マネジメント　7つのつなぐポイント」が参考になるでしょう（図3）[21]。

　ここで全てのポイントについて解説を加えていては本筋から逸れてしまいそうなので，興味のある方は参考文献から辿って書籍をお読みいただけたらと思いますが，本書では，図3の「F：人をつなぐ」というポイントに焦点を当てました。次ページでは，田村が指摘する「人をつなぐカリキュラム・マネジメント」について，解説していきたいと思います。

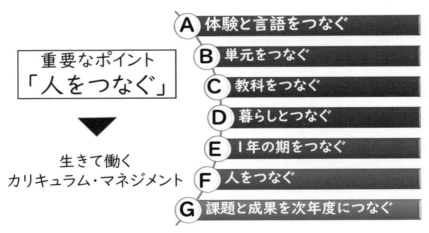

図3　カリキュラム・マネジメント　7つのポイント（田村，2017をもとに）

5 「つなぐ・つなげる」ための準備体操

　田村（2017）は，子どもたちの教育活動に資する人的・物的資源（内外リソース）を積極的に活用したカリキュラムが求められているとしながら，図4のようなイメージを示しています[22]。

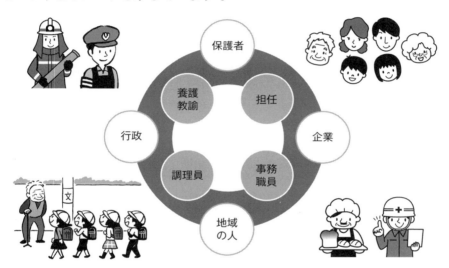

図4　人的・物的資源を活用したカリキュラム（田村，2017をもとに）

　子どもたちにとって学校は，「学習の場」であると同時に「生活の場」になります。その学習や生活の場において多様で多数の他者とかかわったり，**様々な体験を積み重ねたりしながら日々の学びを深めていくからこそ，教師以外の職員とのかかわりも大切なリソースになるのです**。私の同期や同僚に，なぜ教師を目指したのか聞くと「先生という職業しか知らなかった」「今までの人生でかかわってきた大人が先生しかいなかったから」のように答える方は少なくありません。それはそれで立派な動機ですが，幼いうちからかかわる大人を限定してしまうことは，その子どもたちの可能性を狭めてしまいかねません。だからこそ，**学校内の教師だけに留まることなく，学校外の社会で活躍している人たちとのつながりを保障するカリキュラムが求められて**

1章　変わりたい教室，変われない教室　19

いるのです。

　ただここで，押さえておきたいポイントは，「社会」と「子どもたち」を「つなぐ・つなげる」ことはかなりハードルが高いということです。しんどい学級を担任した方ならなおさら共感していただけるかと思いますが，今の子どもたちにとっては，教師と信頼関係をつくることですらチャレンジングなことです。自ら進んで教師とつながってくれる子もいますが，そんな子どもばかりではありません。たとえ「担任の先生」という肩書があったとしても，まずは教師からアプローチしていかないと，子どもたちと信頼関係をつくることができない時代なのです。

　そのような時代に，外界となる社会とのつながりを保障するカリキュラム・マネジメントは可能なのでしょうか。このことを考えるとき，佐伯（1995）による「学びのドーナッツ論」をもとにするとわかりやすいです（図5）[23]。

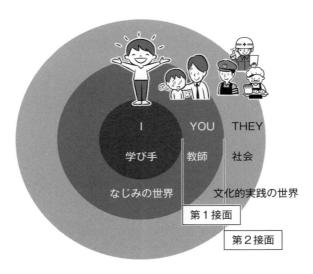

図5　学びのドーナッツ論（佐伯，1995をもとに）

「学びのドーナッツ論」とは，図5のように図式化されており，学びは「『I（学習者個人）』が孤独に展開するものではなく，その周囲（いわばドーナッツ部分）に位置する『YOU（共感的な他者）』を媒介しながら，『YOU』の外側にいる『THEY（外界）』に参加していく行為」とされています。そして，人は何かを獲得するには，いきなり「I」から「THEY」に到達することはできず，「YOU」となる友達や大人の影響や模倣を通して，外界にある（THEY）について学習していくということを示しています[24]。

　この理論を解釈する際，水落・阿部（2014）がわかりやすく解説していたので，そちらを引用します[25]。

　「駅前の広場で，たった一人で通行人に募金を呼びかける場面を想像してみてください」この場合だと，あなた自身が「I」。駅前広場を足早に通り過ぎていく通行人が「THEY」です。

　ここで「募金をお願いします」と一人で声をかけるには相当なハードルがあるかと思いますが，一緒に協力してくれる仲間がいたらどうでしょうか。自分と一緒におそろいのTシャツを着て，できれば「〇〇小学校募金活動」という旗を立てて，みんなで一緒に「〇〇の募金活動お願いします！」と声を出す。これならなんとかできそうな気がしませんか。

　かつて担任した子どもたちに，仲間とかかわる大切さを伝えるために，このように話したこともありますが，この仲間の存在が「YOU（共感的な他者）」になるのです。つまり，同じ目標に向かって協力し合える存在が「YOU」，そうではない存在が「THEY」にあたります。そして，目標を共有し，責任を分担して協同する「I」と「YOU」の関係を「WE」としているのです。

　ここまでお読みになって，お気づきの方もいらっしゃるかもしれませんが，これは近年注目されている「個別最適な学びと協働的な学び」とも関連した概念であり，子ども(I)が，個別で外界にある何ごとか(THEY)について学

習する際に，教師や友人（YOU）などと協働的に学ぶことによって，その子（Ｉ）の学びがより深まっていくというメカニズムになっているのです。

それでは，理論的な話も増えてきましたのでここまでのキーワードをまとめたいと思います。

☑これからの時代を生き抜くために「多様で多数の他者とつながる力」は必須の能力となる。

☑そのために子どもの「コミュニケーション能力」を学校教育の中で高めていく必要がある。

☑「コミュニケーション能力」は先天性ではなく後天的に身につくものであり，コミュニケーションを発揮する機会を増やしていくことが大切である。

☑子どもたちが社会に出たときに使える力を体得できるようなカリキュラム・マネジメントが求められているが，その大前提として教師や子どもたち同士がつながっていなければその実現は極めて難しい。

☑子どもたちがコミュニケーションスキルを発揮する機会が増えるような教科等横断的なアプローチで育てる学級経営のあり方を考えていく必要がある。

このようなところでしょうか。教科指導と違って人間関係づくりはその必要性が指摘されながらも，その時間が確保されていないのが現状です。ましてやコロナ禍に伴うマスク生活によって，人とつながるための手立てとなる共感性を子どもから奪い，しかも，これから共感性を学ぼうとしている子どもたちに，3年間もその状態を強いたわけです。だからこそ，コミュニケーション能力の発揮に向けた「強度×時間×頻度」が成り立ちにくくなっているのが今の学校教育なのです。だからこそ，**少しの工夫で学級活動はもちろんのこと，授業場面や日常生活など，学校教育全般を通して，コミュニケーション能力の発揮の機会を増やし，子ども同士の関係性を保障し，本当の意味で使える力を身につけられるようにしていこうという営み**が，本書のテー

マにもなっている「ステーション授業構想（学級経営でつなぐカリキュラム・マネジメント）」なのです。

引用文献

1 福田誠治『フィンランドはもう「学力」の先を行っている　人生につながるコンピテンス・ベースの教育』亜紀書房，2012

2 前掲1

3 前掲1

4 教育同人社，未来教育プロジェクト編「すべての教科でコンピテンシー（生きる力）をねらうフィンランド」未来教育新聞，第6号，2005年11月20日

5 ケネス・J・ガーゲン，シェルト・R・ギル／東村知子，鮫島輝美訳『何のためのテスト？　評価で変わる学校と学び』ナカニシヤ出版，2023

6 小林洋『「読解力」向上と読書との関係　読めば読むほど「読解力」がつく読書とは』ベネッセ教育総合研究所，2006

7 前掲6

8 前掲6

9 前掲6

10 前掲6

11 仁平義明「災害からのレジリエンス　被災者側の視点」「学術の動向」編集委員会『学術の動向』第20巻，第7号，pp.44-54，2015

12 岸見一郎『アドラー心理学入門　よりよい人間関係のために』ベストセラーズ，1999

13 日本コミュニケーション能力認定協会HP「コミュニケーション能力とは？　―すべての人間関係・人生に影響する―」（2024年1月3日参照）

14 齋藤孝『コミュニケーション力』岩波書店，2004

15 コミュニケーション教育推進会議「子どもたちのコミュニケーション能力を育むために『話し合う・創る・表現する』ワークショップへの取組」pp.1-58，2012

16 岡林春雄『心理教育』金子書房，1997

17 松井智子『子どものうそ，大人の皮肉　ことばのオモテとウラがわかるには』岩波書店，2013

18 前掲13

19 向後千春「強度×時間×頻度の介入モデル。」note，2017

20 田村学編著『カリキュラム・マネジメント入門　『深い学び』の授業デザイン。学びをつなぐ7つのミッション。』東洋館出版社，2017

21 前掲20

22　前掲20
23　佐伯胖『「学ぶ」ということの意味』岩波書店，1995
24　前掲23
25　水落芳明，阿部隆幸『成功する『学び合い』はここが違う！』学事出版，2014

学級経営でつなぐカリキュラム・マネジメント

2章

1 学級経営でつなぐために

　学校教育におけるカリキュラムを通して身につけていこうというのが，言語能力，情報活用能力，問題解決能力あたりかと思います。このような能力を教科等横断的な視点で身につけようとしても，教科の特性や時間的な問題で横断的な指導がうまくいかない……という現状もあります。そこで，1章でも述べたように，**教科の壁を崩し子ども同士の関係性を保障するとともに，本当の意味で使える力を身につけられるようにしていこう**という営みが必要になります。それが，「学級経営でつなぐカリキュラム・マネジメント」であり，本書のテーマでもある「ステーション授業構想」です。他者とつながっている感覚（共同体感覚）や学校適応感を高めていくことが主なターゲットになっていますが，この後説明を加えるクラス会議やソーシャルスキルトレーニング（SST）で社会的スキルや対人技能指導を行い，学習場面や生活指導でも，培ったスキルを発揮できるようマネジメントしていこうというものになります。

　本書で提案するものが，カリキュラムの中核となる授業を決めて，そこでの学びを各教科等の指導や生活指導の中でも実施しようという構想です[1]。つまり，図6のように，**学級づくりにおいて特に大切にしたい価値・スキル・態度を学校生活の中において汎化させて，一貫・継続的に指導することによって，コミュニケーション能力を発揮する「強度×時間×頻度」を担保**しようというのがこの構想です。中核となる学習活動において学んだ価値・スキル・態度が，電車のように「生活」と「学習」の間を行ったり来たりするというイメージから「ステーション授業構想」と名づけられたようです（6章参照）[2]。

　全校体制で「ステーション授業構想」に基づく取り組みを実施し，着実に成果をあげている小・中学校や[3]，学級づくりにおいて必要な概念である共同体感覚や自己有用感の向上などが学術的に実証されていることからも，一定の信頼性と妥当性が保たれた考え方であるといえるでしょう[4,5,6]。

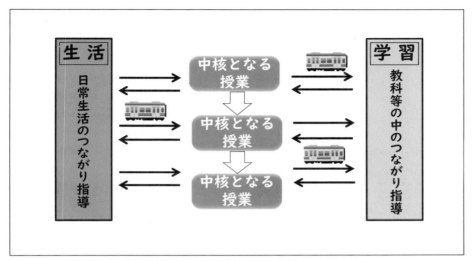

図6　教科横断的な指導の基本モデル（赤坂，2011をもとに）

　力のある教師というのは，このような構想を提示しなくても直感で子どもたちを引き上げているということもありますが，それを全校レベルで体現していこうとすると，ある程度，共通の型が必要となります。**これが生きて働く力を身につけるために必要な戦略**となるのです。その一方で，講座やセミナーなどでこの構想や考え方をお伝えすると，若手の教師から「あまりイメージがもてないです」「中核となる授業が見つからなくて……」「どのように価値・スキル・態度を汎化させていけばよいのでしょうか」と質問をいただくことがよくあります。教職経験が短く，引き出しが少ない方にとっては，自分の核となる授業を模索していたり意図的に学習をつないだりしていくことに困り感を抱くのは当然のことです。そういった背景があり，本書を通してサンプルを示し，これからの学級づくり・授業づくりに役立ててほしいという想いから今回筆者は執筆に至ったわけです。

　子どもたちの変容は**教師の一貫・継続した取り組みにかかっている**ということが研究で明らかになっています[7]。子どもや学級を変容させる指導力のある教師は，1年間の取り組みの中でブレない指導をしているからこそ，子

どもたちに教師の価値や想いが浸透していくのです。

　この教師の価値が浸透するまでの過程を図7のように，パソコンのファイル機能に置き換えて考えてみるとわかりやすいと思います。

図7　教師が抱く価値の浸透課程

　まず，学級開きから1学期は教師が主導となって伝える価値が増えていくため，子どもたちの頭の中は価値のファイルでいっぱいになります。それを，2学期は，きちんと確認して，1学期と同様に大切にすべき価値を伝えていくことによって，たくさんあったファイルの種類が整理されていくようになります。さらに3学期は，子どもたちの思考のフォルダが統合されていくからこそ，「先生はこういうことを大事にしているんだね」「先生が大切にしていることにはよさが詰まっているね」というように，価値がまとまっていきクラスが落ち着くというメカニズムになっているのです[8]。

　そして，価値が伝わってまとまってきたにもかかわらず，翌年，担任が変わると，また新たなたくさんのファイルが出てきて子どもたちが混乱してしまう……，リセットボタンが押されてしまった子どもたちが，新たな価値を受け容れられずに混乱し，不適応行動が増えていくことによって，学級が分

散してしまうということが繰り返し起こっているのが現実です。

これを「公立学校の宿命だから仕方ない」といい切ってしまえばそれまでですが，冒頭で述べたように，苦しんでいる子どもたちや教師が一定数存在するという事実があるのです。だからこそ，どの教師でも，どの学年でも同じようなことを伝え続けていくことによって，1年生から6年生にかけて学び方が修練されていくというようなマネジメントが求められているのです。そこで「学級経営でつなぐカリキュラム・マネジメント」は，一役買ってくれるでしょう。それでは「学級経営でつなぐカリキュラム・マネジメント」の一般的な型を図8に示したいと思います[9]。

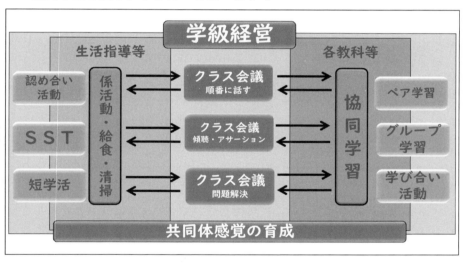

図8 「学級経営でつなぐカリキュラム・マネジメント」基本モデル

図8のように，この構想は「クラス会議」が中核になります。そしてその両翼には，「各教科等」と「生活指導等」での活動がきます。次ページよりそれぞれの役割について解説していきたいと思います。

2章 学級経営でつなぐカリキュラム・マネジメント 29

2　戦略の中核をなすものは

→ 社会的スキルの獲得

　図9の中心部分のように，カリキュラムの中核になるのが「クラス会議」になります。

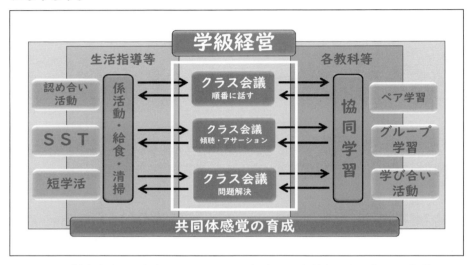

図9　「学級経営でつなぐカリキュラム・マネジメント」基本モデル（クラス会議）

　クラス会議とは，アドラー心理学に基づいてプログラム化されたものです。このプログラムは，ジェーン・ネルセンらの研究に基づき，週1回の学級活動で実施できるように構成されています[10]。では，このクラス会議にはどのような効果があるのでしょうか。

　クラス会議をプログラム化した赤坂（2014）は「集団にかかわることや個人的な葛藤などの生活上の諸問題を，支持的で受容的な雰囲気の中で，民主的な手続きを経て解決する話し合い活動」と定義しています[11]。赤坂（2014）は，このクラス会議を週に1回，10週間実施することにより，学級満足度尺度（Q-U）の「承認得点」の上昇と「被侵害得点」の低下が有意に認められ，学校生活満足度が高まったことを報告しています[12]。また，「トラブル

が小さい内に見つけられる」「当事者同士の感情を共有できる」「クラス全員が問題を認識できる」など対人関係上の問題に効果的であるという逸話的な報告がなされていることから学級経営の充実を図る上でも適した手立てであると考えられます[13]。近年は実証研究の蓄積や，書籍も増えてきています。様々な実践家，研究者の価値観に触れることによって，クラス会議を通して得られる効果についてより詳しく学ぶことができます[14, 15]。

●クラス会議の実施手順（１時間目）〜クラス会議へのいざない〜

　ここからは，クラス会議の進め方についてお伝えしたいと思いますが，一言で「クラス会議」といっても，決まった型があるわけではありません。だからこそ実践者によって，**何よりも，子どもたちの実態や発達段階に応じて活動を変えていくことが大切**だと思います。私の場合，週に１回程度，学級活動の時間を利用していましたが，「○曜日○時間目はみんなで話し合う時間」のように設定しておくと，子どもたちの活動がルーティン化していくのでおすすめです。

　クラス会議は，学級経営でつなぐカリキュラム・マネジメントの中核になりますので，少し丁寧に解説していきたいと思います。なお，本書を通して初めてクラス会議について知る方もいらっしゃると思います。そこで，クラス会議の導入期に適していると考えられる「語り」も載せながら解説していきますので自信のない方はそちらを参考にしていただけたらと思います。

　クラス会議を導入するのは，学級として一定のルールが確立され，小集団が形成されはじめる５月頃がよいでしょう。４月は子どもたちと信頼関係を築くことに時間を使いたいからです。そして，クラス会議を導入する際には，最初は丁寧に，その趣旨を語るようにするとよいです。例えば，

> T：みなさんはこれまでに，クラスで困りごとが起こったとき，どのようにしていましたか（子どもたちに経験を想起させます）。

> C：先生が解決してくれました。
>
> C：自分たちで話し合って解決していました。
>
> T：なるほど。今，2つの考えが出ましたね。では，「自分たちでクラスの困りごとを解決できるクラス」と，「先生がなんでも解決するクラス」みなさんはどちらがよいと思いますか（学級目標などとリンクして語ると効果的です）。
>
> C：自分たちで話し合って解決することができるクラス。
>
> C：先生が解決してくれるクラス。
>
> T：これも2つの考えがありそうですね。もちろん，本当に解決できない問題についてはどんどん頼ってほしいのですが，先生はみなさんにクラスのことはみんなで話し合って決める，誰かが困っていたらみんなで助け合って解決できる人になってほしいです（どちらの意見も受け入れながら教師の願いを語ります）。
>
> T：週に1時間，困ったことやみんなで解決したいことを話し合ったり，楽しいことを計画したりする時間をとろうと思いますが，みなさんは賛成してくれますか。
>
> C：賛成〜!!

　このような語りを通して，クラス会議の存在について伝えていきますが，ポイントは「**活動の具体**」「**活動を行う理由**」「**その活動を通して得られるよさ**」の**3つを意識して伝える**ことです。これはどの活動においてもいえることですが，「活動に対するよさ（価値）」を意識できるようにし，「学びを終えた自分たちは成長できるのだ（期待）」という展望を抱けるようにすることで，子どもたちの納得度は変わっていきます[16]。その方が，自分にとって得であることを理解しているからです。ここからは，子どもたちからクラス会議についての同意が得られた後の流れについて説明していきます。

①輪になる

　まずはじめに椅子だけもって輪になって座ります。クラス会議では，全員
の顔を見て，対等な立場で話せるようにすることを重視します。対等性は，
発言の均等性から生まれます。子どもたちに，互いが対等であることの象徴
として，上下のない輪という形を選択しています。ここでポイントとなるの
は，輪になって座る価値を子どもたちに語ることです。担任する子どもたち
に「教育書に書かれていたから，輪になってね」ではなく，輪になることの
価値やよさを丁寧に伝えることが必要です。例えば，

> T：クラス会議は，みんなでつくる特別な時間なので，座り方を少し変
> 　えたいと思います。これから，机を廊下に出して（後ろの壁にくっ
> 　つけて），椅子だけで輪になります。このとき気をつけてほしいポ
> 　イントが3つあるのですが，わかりますか（ポイントを示し，この
> 　後の活動が予想できるようにします）。
> C：おしゃべりをしない。
> C：机を引きずらない。
> C：速く輪になる。
> T：さすがですね。それでは，みなさんの意見をまとめて，「思いやり
> 　をもって・素早く・静かに」の「お・す・し」を意識して輪をつく
> 　ってみましょう（ポイントの焦点化）。それではどうぞ。

　このように，子どもたちの言葉を手がかりに輪になる基準をつくっていく
とよいでしょう。場合によっては，ストップウォッチをもって時間を測ると
結果がわかりやすいですし，タイムを縮めようとする一体感も生まれると思
います。ただ単に速さを評価するのではなく，「思いやりをもって・素早
く・静かに」の部分を価値づけていくようにするとよいでしょう。「輪にな
る」というシンプルな活動ですが，この活動は**自分たちで決めたことを自分
たちで実践する**という自治に向かうはじめの一歩になります。ここで成功さ
せて，子どもたちと一緒になって喜ぶことが大切です。

②話し合いのルールを確認する

　クラス会議では，基本的に輪番で発言を行います。発言者が，トーキングスティックと呼ばれるマスコットのようなものをもって，発言が終わったら隣の子に渡します。いえないときはパスも OK にします。また，場面緘黙症のように人前で声を出すことが困難な子には，タブレットやホワイトボードに想いを書いてもらい，フリップのようにして意思表示できるようにしていくとよいでしょう。事前に，話し合いのルールをつくっておき，確認するようにします。このあたりもクラス会議の導入期に子どもたちに委ねてみてもよいでしょう。例えば，

> T：これからみんなで話し合うんだけど，どのようなことを意識すると
> 　　よいと思いますか。
> C：トーキングスティックをもった子が話すようにする。
> C：発言する子の方に目を心と耳を傾ける。
> C：話している人の方を向いて聴く。
> T：なるほど。そんな聴き方・話し方ができれば，みんなにとって気持
> 　　ちのよい話し合いになりそうですね。

　このようなところでしょうか。話し合いにおいては，安心感が大切であること，何より「教師が」ではなく「自分たちが」話し合いを行う当事者であるという意識をもたせることが大切です。コミュニケーション能力の基礎となる「話す・聞く」というスキルについては，学級経営でつなぐカリキュラム・マネジメントの様々なところで発揮できるようにしていくことになるので，継続的な指導が必要になります。

　例えば，ある子が突拍子もない発言をしたとき「そんなの変じゃん」「間違っているじゃん」のように誰かを侵害するような場面が見られた際には，きちんと然るべき指導をしなければなりません。近年，学級づくりでも授業づくりでも子どもに任せることをよしとしている風潮があります。学級集団のゴール像と呼ばれている自治的集団のように，全員がリーダーにもフォロ

ワーにもなれるような高次の集団を育成するためには，子どもたちに委任していくことが求められます（というか，委任していくべきです）。しかしそれでも，**明らかに話し合いの方向性がおかしいときや，道徳的に誤った方向に会議が進んでいるときには，話し合いの途中であっても「今の意見には賛成できない」と教師が前に出るべきです。**授業中に生まれた「発言格差」は「人間関係格差」につながりかねないからです。学級づくりという営みの中で，「話す・聞く」指導は，当たり前のようでとても大切なことなのです。

③コンプリメント（肯定感情）の交換

　これは，アイスブレイクのようなものです。議題に入る前に，学級を温め，明るい雰囲気で話し合い活動を行うために取り入れます。学級によっては，「ハッピー・サンキュー・ナイス！」や「いい気分・感謝・ほめ言葉」と呼ばれることもありますが，友達をほめたり，長所を指摘したり，感謝の気持ちを伝え合います。例えば，以下のような発言が見られます。

> C：昨日，友達と遊べて楽しかったです。
> C：テストで100点がとれて嬉しかったです。
> C：今週末，映画に行けるのでハッピーです。
> C：今日，おこづかいがもらえる日なので楽しみです。

　このように，クラス会議を始めたての頃は「自分が〜で嬉しかった」という意見が多く見られます。しかし，継続していくうちに子どもたちの発言に変化が見られるようになります。例えば，

> C：この前，漢字がわからなかったときに〇〇さんが教えてくれました。
> C：今日の休み時間に△△君がサッカーに誘ってくれて嬉しかったです。
> C：□□さんが発言ができるようになってナイスだと思いました。
> C：〇〇さんと△△さんが遊びに誘ってくれて嬉しかったです。

　このように，関係が良好になればなるほど，「友達が〜してくれて嬉しか

2章　学級経営でつなぐカリキュラム・マネジメント　35

った」「友達の〜なところがすごいと思う」のように，よさを見つける視点が変化していきます。さらに関係性がよくなってくると，

> C：みんなが行事をがんばっていてナイスだと思います。
> C：クラスのみんなが勉強を教えてくれて嬉しかったです。
> C：運動会で○年○組のみんなが活躍できてよかったと思います。
> C：この間の学習ではたくさんの人が協力し合っていていいなと思いました。
> C：おー‼ いいねー‼（全員が拍手）

このように，「みんなが〜でよかった」「みんなのおかげで」「たくさんの人が」というように学級の一体感を意識した発言が見られるようになります。加えて，拍手やうなずき，共感などが自然発生的に見られるようになります。これは，1章で述べた「学びのドーナッツ論」の概念とも重なりますが[17]，学級の雰囲気や関係性がよくなるにつれて，かかわりの幅やつながりが広がっていくからこそ，相手を意識した発言が増えてくると考えられます。

教師は，子どもの発言を聞いていて視野の広がりを見て取れる子がいたら，すかさずフィードバックすることが大切です。行事等でまとまった時間がとれなかったとしても，このコンプリメント（肯定感情）の交換を挟むだけで，肯定的な感情を表出する機会になったり，子ども同士が認め合い，関係づくりのきっかけになったりします。このように，子どもたちの発言の変化や成長に目を向けていくことも教師としての楽しさではないでしょうか。

④議題を集める

議題については，学級に設置された議題箱に「みんなで話し合いたいこと」や「相談したいこと」のある子が用紙に書いて投函する形式をとっていくようにします（図10）。その際には，「次回から，みんなから出してもらった議題について話し合います。何か困っていて相談したいことやクラスのきまりごとなど，みんなで決めたいことがあれば議題提案用紙に書いて議題箱

に入れてください。ただ，一つだけ守ってほしいことがあります。クラス会議は誰かを責めるための話し合いではありませんので，用紙に誰かのことを書く場合には『○○さん』のように個人名は書かないようにしてくださいね」のように伝えておきます。

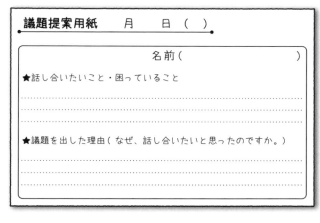

図10 議題箱と議題提案用紙

　私の場合，学級の実態にもよりますが，大抵ここまででクラス会議の１時間目を終えるようにします。最後に，「今日は，みんながクラス会議について賛成してくれて嬉しかったです。来週からの会議がとても楽しみです」のように語って，第１回のクラス会議を締めます。

●クラス会議の実施手順（2時間目）～問題解決経験の体得～

⑤前回の解決策の振り返り

　1週間後，議題箱に議題が投函されていた場合，2時間目から子どもたち主体で話し合うようにしていきます。1時間目の活動（①～④）をなるべくスムーズに終えた後，議題箱に投函されていた議題について話し合います。回数を重ねて，クラス会議が学級のシステムとして定着している場合には，ここで，前時のクラス会議の振り返りを行います。

　議題が個人の問題なら，提案者にうまくいっているか尋ねます。また，学級全体にかかわる議題であれば，全員に尋ねるようにします。「うまくいっていると思う人はどのくらいいますか」と聞いて，多数の手が挙がれば解決と見なしてよいでしょう。このあたりの基準も子どもたちと一緒になって決めていくとよいと思います。

⑥議題の提案

　クラス会議で話し合う議題は，学級全体にかかわるものばかりではなく，個人的なものもあります。議題が提案されたときに，「個人の課題」か「学級全体の課題」かを見極め，課題の分離をします。また，原則，出された議題は，提案された順番に話し合います。しかし，このシステムに慣れるまでは，教師が事前に議題をチェックして，話し合い活動として適しているものかどうか判断する必要があるでしょう。

　それでは，実際に議題が提案されてからの流れについて確認していきましょう。ここでは，私がかつて担任した子どもたち（小学3年生）の話し合い活動をもとに紹介していきたいと思います。例えば，

> T：今日の議題は，○○さんの「朝，早く起きられないんだけどどうすればよいか」です。みなさん，○○さんの気持ち，わかりますか？

（議題の共有化）
Ｃ：あるある！　寒くなってくると起きられないよね。
Ｃ：俺なんか，最近寝るのが遅いから寝坊しちゃう。
Ｔ：このまま，○○さんの悩みが解決しないとどうなりますか？
　　　（結末の予測）
Ｃ：すごく困ると思う。寝坊して，朝ごはんが食べられなくなっちゃ
　　　う！
Ｃ：学校に遅れちゃうと，みんな心配すると思う。
Ｔ：それでは，○○さんの悩みについて解決策を考えてください。

　このように，議題の共有化は丁寧に行っていく必要があります。その子に
とって，また学級にとって，議題が切実感のあるものでないと話し合いが表
面的なものになってしまうからです。

⑦**解決策を集める**

　必要に応じて，考える時間やペアトーク等を挟んだ後，全員が輪番で解決
策を提案していきます。出された解決策は，黒板にまとめていきます。具体
的には以下のように展開されました。

Ｃ：早く寝るようにすると次の日に早く起きられると思います。
Ｃ：お母さんに起こしてもらうのがいいと思います。
Ｃ：目覚まし時計を100個ぐらい置けばいいんじゃないかと思います。

⑧**解決策を比べる**

　解決策を集めたところで，それぞれの意見に対して，質問や賛成・反対意
見を述べていきます。これは，輪番制で発言を促してもよいですし，時間が
ない場合には，マグネット等を黒板に貼って視覚化することも可能です。ま
た，クラス会議導入期には「〜には反対です」というような言い方はなるべ

く避けるようにして「〜が心配です」「〜とは少し違って」といった言い方をするように伝えます。一方で，反対意見はよりよい考えを生むためには大切なことであるということも繰り返し伝えていく必要があります。具体的には以下の通りです。

> C：「早く寝る」という意見に賛成で，早く寝れば嫌でも起きられるからです。
> C：心配意見で，目覚まし時計を100個も置くのは大変だと思います。
> T：なるほど。心配意見が出るっていうことは，○○さんの意見に対して真剣に向き合っている証拠だね。

　解決策を話し合う際に大切なことは，実現可能性です。上記の例だと，「目覚まし時計を100個置く」というのは，有効そうであっても，実行することは難しい意見です。だからこそ，子どもの議論が停滞してきたら「それをしたらどうなるかな」と結末を予測できるように介入する必要があります。また，クラス会議の導入段階には，反対意見ばかりに偏ってしまうこともあります。意見を練り上げるよさや合意形成の大切さを実感できるようにするためには，以下のように伝えることも大切です。

> C：心配意見で，お母さんに起こしてもらうのは，少し恥ずかしいかなと思います。
> C：心配意見で，習いごととかがあると早く寝られないと思います。
> C：目覚まし時計をたくさん使うのは，うるさくなるので心配です。
> T：どれも○○さんのために一生懸命考えた意見だね。よい所と心配なところはどの意見にもあると思うから，次はよいところに目を向けてみてね。

　さらに，クラス会議では，できるだけ全ての意見に対して，賛成なのか反対なのか意思表示をすることが望ましいといわれています。「誰がいうか」という関係性からの決定ではなく，「何をいわれているか」という内容面で

判断するようにします。

⑨解決策の発表と決定

　解決策を比較したところで，**個人議題の場合は，議題提案者が解決策を選**びます。また，**学級全員にかかわる議題の場合は，収束しないときには原則****多数決になります。**今回の議題の場合だと，議題提案者が解決策を選ぶようにします。ちなみにこのときの解決策は「早く寝て，目覚まし時計を２つセットする」というものになりました。

　このときに気をつけたいのは，過半数に及ばないものを採択してはならないということです。そうしないと，決定に反映されない意見が多くなるからです。意見の数が多くて，過半数になるものが出ないような事態が想定される場合は，よいと思うもの全てに挙手してもらい，過半数以上のものに絞ってから決定するなど，事前に手続きを伝えておくとよいと思います。

⑩解決策の実践

　議題に対する解決策や学級のルールは，１週間程度お試しでやってみるとよいです。その結果を⑤前回の解決策の振り返りで評価します。解決策（学級内でのルール）がうまく機能していればそのまま継続されます。うまくいっていなければ「もう１週間試す」や「新しい解決策を決める」などの手続きを取ります。大切なのは「失敗する経験」です。学校生活では様々な問題が起きます。そのような問題を「子どもの成長のチャンス」と捉えるか「厄介ごと」と捉えるかによって，その後の対応が大きく変わります。

　また，クラス会議において最も大切なポイントは，話し合った後の実践と教師によるフィードバックです（詳しくは５章でお伝えします）。今回の議題の場合だと，話し合い後には「今日のクラス会議もとてもよかったと思います。みんなが議題提案者の○○さんの立場にたって発言していましたね」のように，「話し合った結果」ではなく，「友達に寄り添ったという過程」を価値づけていくようにします。

2章　学級経営でつなぐカリキュラム・マネジメント　41

●クラス会議の実施手順（3時間目）〜問題解決のシステム化〜

　型を伝えた3時間目からは，①〜⑩の手順に沿って進めていくようにします。このあたりからクラス会議の手順をスライドで作成して，スクリーンや大型テレビに映しながら進めていくと，流れの共有ができます。スライドのノートに司会のセリフを入れておくと安心して運営することができるでしょう。

　子どもたちが慣れてきたら輪番制で司会や板書を任せていくことも大切です。当然のことですが，子どもたちが決める解決策には不完全なものも多くあります。特にクラス会議の導入期にはよく見られることです。しかし，継続して話し合っていくうちに洗練され，実行力の高いものになっていきます。うまくいかないからといって，ここで教師が注意したり叱ったりしたら，せっかく育ちはじめた主体性の芽を摘み取ってしまいかねません。「うまくいかなくて当たり前」「失敗したらまた話し合えばいいよね」というようなスタンスで，教師がどっしりと構えていることが大切です。つまり，**問題が起きない学級を目指すのではなく，自分たちで問題を解決することのできる強い学級をつくる**ことが大切です。

　そして，クラス会議の実践経験のある方ならおわかりいただけるかと思いますが，ここまでに示した手順①〜⑩全てにおいて大切にしていることは，**“相手意識に基づくコミュニケーション能力”を育んでいる**ということです[18]。⑤〜⑩の話し合い場面については，「議題提案者のために……」「クラスのみんなのために……」とわかりやすいですが，クラス会議の冒頭で行う①**輪になる**ことや②**話し合いのルールを確認する**こと，さらに③**コンプリメント（肯定感情）の交換**も全て相手意識に基づくコミュニケーション能力を育てることにつながっているのがクラス会議なのです。

3 | 戦略の左腕

　　　　　　　　　　　　　　　　　　　------------▶
　　　　　　　　　　　　　　　　　日常生活に汎化する

　本書をお読みの方が受けもつ（または，受けもっていた）学級の子どもが，授業中に全体の前で発言するときにはどこを見ているでしょうか。教師の方を向いているでしょうか。それとも学級全体を見ているでしょうか。また，誰かが発言しているときに，その他の子どもたちはどこを見ているでしょうか。ノートにメモをとりながら聞く子も中にはいますから「全員が発言している子に注目すべきである」とは一概にいえませんが，耳を傾ける，体を向ける，うなずくなど，発言している子にリアクションするように伝えていく必要があります。

　ここまでは主に学級活動の時間において相手意識に基づくコミュニケーション能力を育む戦略について述べてきましたが，これは学級活動のときだけ限定的に発揮されるものではありません。プリントを受け取ったときやノートを見てもらうときに「ありがとうございます」や「お願いします」など，世の中の人が当たり前のようにやっていることを学校生活場面においても徹底していくことが，相手意識の育成には大切なことです。また，しんどい学級を担任した方ならおわかりいただけるかと思いますが，**クラス会議も後に述べる協同学習も成立させることは，そこそこまとまっている学級集団でなければ難しいことです。**もっというと，機能が低下した学級では，クラス会議の①輪になることや，③コンプリメント（肯定感情）の交換について，その活動自体が成り立たないということが現実にはあります。

　学級のルールについても同様で，話し合ったりかかわり合ったりする中で初めてルールとして機能していくのです。相手意識に基づくコミュニケーション能力を高めていくためには，その量と質を増やしていく必要があります。そのために，クラス会議や教科指導以外の学校生活場面においてもコミュニケーション能力を発揮できるようにしていくことが戦略の左腕になります。具体的には図11に示したいと思います。

　　　　　　　　　　　2章　学級経営でつなぐカリキュラム・マネジメント　43

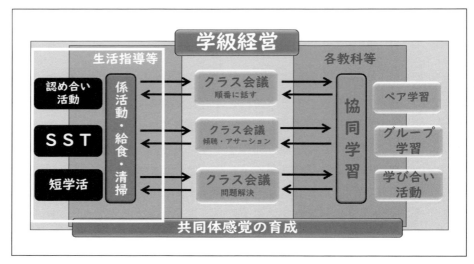

図11 「学級経営でつなぐカリキュラム・マネジメント」基本モデル（生活指導等）

　図11の左側が示すように，クラス会議で培った相手意識に基づくコミュニケーション能力を生活指導等にも生かしていくようにします。クラスで子どもたちが生活するためには様々な役割分担が必要になるからです。係活動はもちろんのこと，給食当番や清掃当番などで活動を共にすれば必然的にコミュニケーションをとることになります。そこで，**クラス会議や教科場面において培った学びを日常生活にも生かしていこう**という発想が戦略の左腕になります。

　しかし，そうしたフォーマルな交流だけでは集団として育たないのが事実です。集団が集団として機能するための潤滑油としての役割を担うのが「感情の交流」です[19]。「感情の交流」とは共感性を基盤にしたかかわりです。感情の交流が起こるためには，そのためのスキルを指導したりその場を設定したりすることが必要です。そこで，「認め合い活動」や「SST」を通して，子ども同士が認め合える機会や，「楽しい」「嬉しい」などの感情の交流経験を積み重ねていけるようにします。つまり，どんな特性のある子も「Aちゃんのこういうところがすごい」「○○を達成できたのはみんなのおかげ」の

ように認め合える機会をつくるのです。そして，子どもたちが認め合う姿や何かを成し遂げる姿を教師が一緒になって喜び，フィードバックすることが重要です。結局，教師が日常指導の質を高め，信頼に基づく指導・支援（リーダーシップ）を行うことによって，子どもは充実感を得られるからです。

　このようにして，クラス会議を中核とした「学級経営でつなぐカリキュラム・マネジメント」を構想していきますが，これはあくまで一つの型になります。これを全校レベルで統一しようとすることを考えると，ある程度の共通実践をつくっていかなければならないからです。ところが今は，子どもとのかかわりは，教師の固有の営みで，インフォーマルな領域になっています。そのため，不適切な指導が起こりやすい構造になっているのが現状です。だからこそ，校内研修等で共通理解を図るようにするなど，全校体制で学級経営に取り組むことでよい実践が共有される可能性が高くなります。

2章　学級経営でつなぐカリキュラム・マネジメント

4 戦略の右腕

教科場面に汎化する

　近年，「学級がまとまらない」「子ども同士がつながらない」という指摘から[20]，学級活動や道徳の時間に人間関係づくりの活動やソーシャルスキルトレーニング（SST）の学習が行われるようになりました。それなりに成果を上げている一方で，それらを実施しさえすれば「人間関係ができる」「クラスがまとまる」という安易な認識が生まれているという話も耳にします。週に1回程度，時間を設定して人間関係づくりについての活動を行ったからといって，子どもはそう簡単につながらないのが現実です。**漢字や計算の力をつけることよりも，人間関係づくりは複雑で時間がかかる**ことだからです。

　授業は学校生活の大半の時間を占めるものであり，学校教育の根幹として大きな意味をもっています。その授業の中で大半を占めるのが国語や算数などの教科学習の時間です。授業の目標やめあて，ねらいを達成したかどうかを吟味することはもちろん大切なことですが，**その達成までの過程で子どもたちがどのようにつながり，かかわっていたかということも視野に入れた授業を構想**していくことが必要ではないでしょうか。このような発想に立ったとき，本書で提案する，学級経営でつなぐカリキュラム・マネジメントの考え方が参考になります。

　具体的には，クラス会議を通して子どもたちは自分たちにかかわる問題や課題について，主体的に参加し解決することや，互いに協力することや助け合うことに価値を見出せるようにします。そして，その学びを**クラス会議や生活指導等の時間だけに留めるのではなく，教科場面においても発揮できる**ようにしていくのです。実際に，クラス会議で高まることが実証されている共同体感覚についても[21]，「学校教育において最も多くの時間を費やす授業においてこそ共同体感覚が育つ場とならなければならない」と指摘されることがあります[22]。

　そこで，図12の右側の部分が示すように，意図的に協同学習を組み込むこ

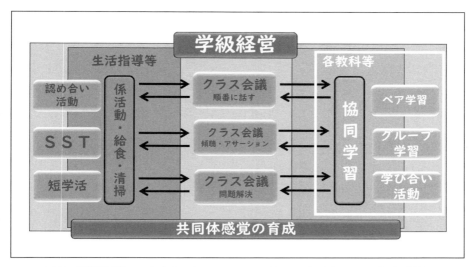

図12 「学級経営でつなぐカリキュラム・マネジメント」基本モデル（各教科等）

とによって、クラス会議を通して学んだコミュニケーション能力やスキルを教科場面においても発揮できるようにしていきます。これが戦略の右腕になります。

1章でも述べた「協働的な学び」については、学習指導要領で明記される以前から、多くの研究者や実践家によって取り組まれてきました。西川（2010）による『学び合い』や[23]、佐藤（2006）による「学びの共同体」などがありますが[24]、ここでは、海外ではスペンサー・ケーガン（2021）[25]、日本においては杉江（2011）や関田ら（2001）によって研究されている「協同学習」について触れていきます[26, 27]。

クラス会議のベースの考え方になっているアドラー心理学と協同学習には直接的な関係はありませんが、両者の考え方は非常に似通っていることが指摘されています[28]。協同学習の主要となる概念には協同、協力、平等、責任などがあり、基本となる概念の多くがアドラー心理学とも重なっているからです。だからこそ、クラスメイト一人ひとりが学習面でも人間関係や社会生活の面でも力を伸ばすことが可能になるのです。実際に、協同学習がもたら

す影響として，学力向上だけでなく人間関係の改善に効果をもたらし，対人技能や社会的スキルの獲得が期待できることが実証されています[29, 30]。

　協同学習では，授業で用いることのできる様々な実践的技法やテクニックが開発されています。具体的には4章で紹介していきたいと思いますが，ここからは協同学習の例を示しますので，ご自身の実践に生かしてもらえたらと思います。ただ，教師として大切にしなければならないのは，**これらの技法やテクニックを参考に，目の前にいる子どもたちの様子や学習課題を加味して展開していくことです**。授業の技法やテクニックはあくまで「道具」です。「道具」の活用は，目の前の子どもたちの実態をみて，「この子たちならこの道具が合いそうだ」という発想のもと，講じられるべきです。「この道具がおもしろそうだから」「あの有名な先生が実践していたから」という発想では，子どもたちの実態やニーズから乖離した授業になりかねません。

●協同学習の実施例

　基本的には以下の流れに沿って，3〜4人のグループになって行います。

---

① 学習の導入後，本時の問いを確認する。

② 問いについて，まず一人で考える。

③ グループで共有する。場合によっては集約して結論を出す。

④ グループの代表者が発表して全体で共有する。

⑤ 出された意見を検討する（質問や反対意見を出す）。

⑥ 自分の考えを見直す（振り返る）。

　学級の実態にもよりますが，基本的には上記の流れで1時間の授業を構成するとよいでしょう。協同学習は，話し合い活動をいかに充実させていくかどうかが成功の鍵になります。よって，ここで大切にしたいのは，グループの話し合いの着地点をどこにもっていくかという点です。課題に対する考えをグループで一つに集約するのか，ランキング形式にして説明を求めるのか，

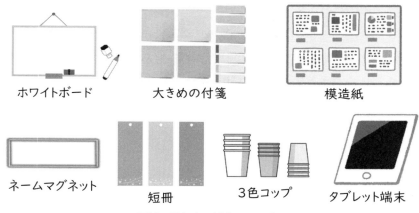
図13 話し合い活動の7つ道具

共有後に自分の考えを修正して終えるのかなど，このあたりのゴール像を最初に伝えておく必要があります。

　また，話し合いの際には，意見を可視化できるようにホワイトボードやネームマグネット，大きめの付箋，模造紙などにまとめるようにするとよいでしょう。立場を明確にする際には，ネームマグネットや短冊，3色コップなどを活用するのも効果的です。最近は，タブレット端末上で「Google Jamboard」のようなツールを活用することでいろいろなことができるようになりました。図13のように，これらのツールを私の学級の子どもたちは「話し合い活動の7つ道具」と呼んでいましたが，最近はタブレット端末で全てまかなえてしまいます。

　さらに，個々の役割を明確にするということも大切です。例えば，4人グループの場合だと，①司会，②記録，③タイムキーパー，④発表者というように役割を分担してから話し合い活動に入るようにします。こうすることで，誰が話し合いを回すのか，誰が発表するのかということでトラブルになることが減って，効率的に時間を使えるようになります。

　話し合い活動が活発に行われたとして，意見を集約する方法についても最

初は丁寧に示しておくことが必要です。例えば，ＡとＢの意見があったとしたら，

❶　ＡとＢかどちらかを選ぶ（二項対立形式）。
❷　ＡとＢの考え方を半分ずつ組み合わせる（意見の練り上げ）。
❸　ＡとＢ以外のＣの考え方をつくる（意見の再構築）。

　このあたりはクラス会議でも必要となる力であり，どちらもその手法を学ぶことができるものなので，「クラス会議で学んだことを生かしてね」などと声をかけていくことも効果的ですし，逆に協同学習を通して小集団で結論の出し方を学べていれば，クラス会議で意思決定する際のヒントになります。このように，クラス会議も協同学習も他者とコミュニケーションを取らなければ成立しません。つまり，協同学習でいえば①～⑥の活動をつなぐ接着剤になるのが，クラス会議で培った相手意識に基づくコミュニケーション能力なのです。

　なお，「Google Jamboard」については，2024年12月31日でサービスが終了しています。「Google Jamboard」に代わるものとして Google は，「FigJam」「Lucidspark」「Miro」などアプリを奨励していますが，活用できない場合には，「Google スライド」などを活用することによって，代用できるかと思います。

　クラス会議を通して学んだ相手意識に基づくコミュニケーション能力を教科場面や生活場面でも発揮できるようにしていくというのが本書のコンセプトになっていますが，実際に対人技能や社会的スキルは，SST や認め合い活動，協同学習においても学べるということが実証されています[31,32]。つまり，このような力は図14のように，往還構造で高まっていく可能性があるということになります。

　クラス会議の学びが教科場面や日常生活に汎化される場合もあれば，教科場面で得たことがクラス会議や日常生活に汎化されることもあります。例えば，クラス会議と国語科の組み合わせです。クラス会議が円滑に機能してく

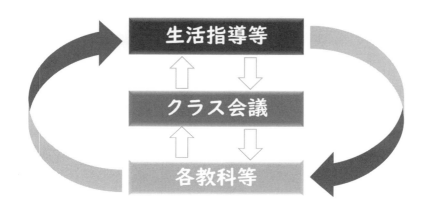

図14　往還構造で機能する「相手意識に基づくコミュニケーション能力」

ると，子どもたちのコミュニケーションが活性化してきます。対等な関係が築かれていると，「それで，それで？」「どういうこと？」のような日常のコミュニケーションが増え，学習活動が活性化します。

　また，生活場面での学びがクラス会議や教科場面において発揮されることもあるでしょう。いずれにしても，**学校教育全体を通して相手意識に基づくコミュニケーション能力を高めていくためには，教師による意図的な戦略の下，一貫・継続した取り組みが必要となるのです**。つまり，コミュニケーション能力を発揮する「強度×時間×頻度」を増やしていくのです。それでは，次章からは主に「戦略の中核」となるクラス会議と「戦略の左腕」となる，生活指導等を組み合わせた実践例について解説していきたいと思います。

引用文献

1　赤坂真二『スペシャリスト直伝！　学級づくり成功の極意』明治図書出版，2011

2　堀田龍也，赤坂真二，谷和樹，佐藤和紀『"先生の先生"が集中討議！2　子どもも教師も元気になる「あたらしい学び」のつくりかた　デジタルトランスフォーメーション時代の教育技術・学級経営』学芸みらい社，2021

3　みんなの教育技術「実践事例　上越市立春日新田小学校『かかわり方スキル』で学校が変わった！【不登校，コロナダメージを克服するために　今こそ，学校全体で『学級経営』を！#04】」2023

4　鳥居明日香，大塚祐一郎，須山諒，深瀬和朗，矢野保志斗，赤坂真二「共同体感覚を高めるための学級活動を中核としたカリキュラム・マネジメントに関する事例研究　『ステーション授業構想』をもとにした取り組みを通して」日本学級経営学会誌，第4巻，pp.37-46，2022

5　寺岡幸作，永井寿樹，鳥居明日香，大塚祐一郎，須山諒，内木拓海，赤坂真二「ステーション授業構想をもとにした協同学習における対人技能活用による協働的な学習過程への影響についての事例研究」日本学級経営学会誌，第5巻，pp.39-49，2023

6　佐藤百華，水流卓哉，寺岡幸作，永井寿樹，金澤美友菜，小野絵美，赤坂真二「教科等横断的な対人技能指導が，児童の自己有用感にもたらす影響について」日本学級経営学会誌，第6巻，pp.21-30，2024

7　ハリー・ウォン，ローズマリー・ウォン／稲垣みどり訳『図解実践　世界最高の学級経営 The Classroom Management Book』東洋館出版社，2018

8　松﨑学「学級機能尺度の作成と3学期間の因子構造の変化」山形大学教職・教育実践研究，1，pp.29-38，2006

9　水流卓哉「学級経営で『つなぐ・つなげる』カリキュラム・マネジメントの構想」『授業UD研究』第17号，pp.16-19，2024

10　ジェーン・ネルセン，リン・ロット，H・ステファン・グレン／会沢信彦訳『クラス会議で子どもが変わる　アドラー心理学でポジティブ学級づくり』コスモスライブラリー，2000

11　赤坂真二「アドラー心理学とクラス会議で子どもの市民性を育てる」日本教育心理学会総会発表論文集，56，pp.144-145，2014

12　赤坂真二「アドラー心理学に基づくクラス会議プログラムの開発に関する研究　学級満足度の分析から」臨床教科教育学会誌，14(2)，pp.1-12，2014

13　深見太一編著『子どもに任せる勇気と教師の仕掛け　子どもが主体になる教室ができるまで』明治図書出版，2023

14　深見太一『対話でみんながまとまる！　たいち先生のクラス会議』学陽書房，2020

15　諸富祥彦監修／森重裕二著『クラス会議で学級は変わる！』明治図書出版，2010

16 ジェア・ブロフィ，中谷素之訳『やる気をひきだす教師 学習動機づけの心理学』金子書房，2011

17 佐伯胖『「学ぶ」ということの意味』岩波書店，1995

18 赤坂真二「スペシャリスト直伝！ 成功する自治的集団を育てる学級づくりの極意」明治図書，2016

19 赤坂真二『主体性を引き出すマネジメントを【赤坂真二「チーム学校」への挑戦 #12】』みんなの教育技術，2023

20 赤坂真二「赤坂真二先生に聞く『学校での子どもの分断・教師の分断を防ぐには？』」みんなの教育技術，2022

21 四日市市教育委員会教育支援課「共同体感覚を育む『クラス会議』の活用に関する研究」四日市市教育委員会教育支援課，研究調査報告，393集，2014

22 諸富祥彦編集代表／会沢信彦，赤坂真二編集『学級づくりと授業に生かすカウンセリング』ぎょうせい，2011

23 西川純『クラスが元気になる！ 『学び合い』スタートブック』学陽書房，2010

24 佐藤学『学校の挑戦 学びの共同体を創る』小学館，2006

25 スペンサー・ケーガン／佐藤敬一，関田一彦監訳『ケーガン協同学習入門』大学図書出版，2021

26 杉江修治『協同学習入門 基本の理解と51の工夫』ナカニシヤ出版，2011

27 関田一彦，杉江修治，清水強志「協同学習の導入の効果に関する事例的検討」日本教育心理学学会発表論文集，43集，pp.467，2001.

28 古庄高『アドラー心理学による教育 子どもを勇気づけるポジティブ・ディシプリン』ナカニシヤ出版，2011

29 前掲25

30 須藤文，安永悟「読解リテラシーを育成するLTD学習法の実践 小学校5年生国語への適用」教育心理学研究，59(4)，pp.474-487，2011

31 藤枝静暁，相川充「小学校における学級単位による社会的スキル訓練の効果に関する実験的検討」日本教育心理学会，49，pp.371-381，2001

32 原田信之「グループ学習による社会コンピテンシーの育成と評価」岐阜大学教育学部研究報告，教育実践研究(15)，pp.171-178，2013

個と個がつながる「学級システム」

3 章

1　たった5分で学級を温める「学級アクティビティ」

　ここからは，学級経営でつなぐカリキュラム・マネジメントを実現する「学級システム」について，解説していきます。

　まずはじめに，アイスブレイクについて紹介していきます。アイスブレイクや仲間づくりの学級あそびなどのアクティビティは4月や5月，夏休み明けや冬休み明けに行うことが多くあります。1年間を見通した学級経営を考えたときに，4月最初の段階では，子ども同士の関係は希薄であり，つながっていない状態です。これは，長期休業後の学級においても同様のことがいえます。だからこそ，まずは「クラスのみんなといると楽しい・嬉しい」というように，感情を交流する中で子ども同士の心の氷を溶かしていくことが必要になります。

　ここからは効果的であったものをいくつか紹介していきますが，このようなアクティビティは「楽しい雰囲気をつくる」「教室を温める」というねらいがある一方で，「相手を傷つけない」や「ルールを守る」など，活動の中での最低限のきまりを事前に伝えてから始めるようにします。つまり，子どもたちも教師自身も，遊びを通してコミュニケーション能力を学ぶ場であるという意識をもつことが大切です。そして，ここで学んだことを前章で述べたクラス会議や教科場面でも活かせるようにしていきます。そうすることで，相手意識に基づくコミュニケーション能力を発揮する場面を増やしていけるようにします。

| 活動名 | 「ペン」DE「リレー」 |

▼活動の流れ
① 学級全員で行います。
② 図15の順番で，教師から子どもたちにペン（太い水性ペンがおすすめ）をバトンのようにして渡していきます。
③ 全員がペンを渡せたところまでのタイムを計ります。
④ タイムを縮めるためにはどのようにすればよいか話し合います。
⑤ 話し合った作戦をもとに何度か挑戦します。
⑥ 子ども同士で感想を伝え合い，教師がフィードバックします。

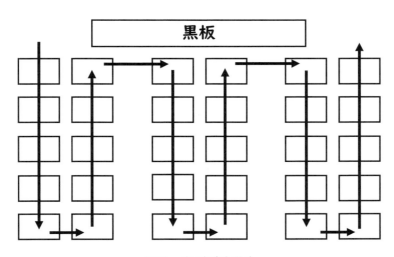

図15　ペンを渡す順番

3章　個と個がつながる「学級システム」　57

▼活動のポイント

　「学級全員でタイムを縮めるために何ができるか」をキーワードとして，協力することのよさを実感できるようにします。タイムが縮まらなかったとしても，「全員で話し合って協力した」という過程をフィードバックします。

　筆者の学級で夏休み明けに実践したときには，「ペンを渡す順番を変えてみたらどう？」という意見が出たので挑戦しましたが，特にタイムは変わりませんでした。すると，ある子は「クラス会議のように円になってペンを渡したら速いんじゃないかな」とつぶやきました。まさにクラス会議で学んだことが汎化していた瞬間です。そこで，輪になって再挑戦しました。結果的にタイムは縮まり，全員でハイタッチをして喜びました。「輪になるよさ」「協力するよさ」を実感する取り組みになったのではないかと思います。

　この活動のよさは準備がかからないということです。このように学級でエクササイズをする際には，なるべく準備や時間がかからないものがおすすめです。そもそも，このような活動はあくまでかかわりを生むための"きっかけ"に過ぎません。**きっかけづくりに時間を使い過ぎて手段が目的化しないよう留意する必要があります。**

| 活動名 | なんでもバスケット |

▼活動の流れ

① 学級全員で円座になって座ります。先生は司会者として中心に立ちます。
② 司会者となった人は、お題を伝えます。
　例：「今日の朝ごはんにパンを食べてきた人」「ペットを飼っている人」
③ 図16のように、司会者がお題を読み上げ、そのお題に該当する子は、一斉に席を立ち上がり他の椅子に移動します。お題を指定せずに「なんでもバスケット！」ということもあり、その際には全員が座席を移動します。
④ 椅子に座れなかった人が次の司会者となり、①〜③の手順でゲームを繰り返していきます。

図16 「なんでもバスケット」イメージ図

3章　個と個がつながる「学級システム」

▼ 活動のポイント

　クラスの雰囲気を温めると同時に，きまりを守るよさを実感できるようにすることができる定番の活動です。年度当初，子どもたちがつながっていない状態でこの活動を実践すると，「○○君ばっかり真ん中に立つからずるい」「△△さんがわざと動かない」のような声が上がることがよくあります。そこで，活動に入る前に最低限の約束ごとを提示しておくようにします。例えば，①人が嫌がることはいわない，②移動するときには２つ以上離れた席に座る，③わざと負けないようにする，のような約束ごとです。ポイントは**「全員が楽しめるようにするために，この３つの約束ごとをみんなで守ってほしい」**というような語りをしてから活動に入ることです。そして，活動後にも**「今日の活動もみなさんが約束ごとを守ってくれたおかげで楽しい活動になりました」**と最初に提示した教師の願いと評価を一体化して伝えるようにします。

　また，ワンランク上の問いかけとして，「この３つの約束ごとって，『なんでもバスケット』以外にも活かせそうなところはないかな」のように，子どもたちに問い返し，委ねていくことも効果的です。中には「『①人が嫌がることはいわない』はいつでも大切だよね」のように汎化を意識する子もいます。このように**相手意識に基づくコミュニケーション能力を発揮できる子やその場所を増やしていくことが，**学級経営でつなぐカリキュラム・マネジメントを実現する成功の秘訣になります。

　筆者は，この「なんでもバスケット」をクラス会議の導入期に取り入れることが多くあります。子ども同士の関係性ができていないときに，円座で座ると「男子は男子，女子は女子」のように気の合う子同士で固まりがちです。そんなとき「なんでもバスケット」は，温かい雰囲気をつくりながら座る場所をランダムにすることができます。空気を温め，ランダムに座ったところで「それでは，普段話さない人と隣に座っている人が多いと思うので，この状態でクラス会議を始めていきましょう。隣の人のよさを見つけるチャンスです」のように語ってクラス会議をスタートするという流れです。

| 活動名 | 「せーの，パン！」であつまろう |

▼活動の流れ
① 図17のように，教師の「せーの」のかけ声の後に続けて，全員で「パン」と手拍子を1回します。
② 次に「せーの」のかけ声で「パン，パン」と2拍手し，続けて「パン，パン，パン」と3拍手……と増やしていきます。
③ 最後の拍手の数と同じ人数でグループをつくって座ります（4回手をたたいていたら，4人で集まります）。
④ ①〜③の流れを繰り返します。

図17 「『せーの，パン！』であつまろう」イメージ図

▼活動のポイント
　グループ分けをするときにこの活動を取り入れることによって，円滑にグルーピングできます。また，定期的にこの活動を取り入れることによって子

ども同士の関係性を見取ることができます。そして，この活動を行っていると，必ず１人や２人，グループに入れずにあふれてしまう子がいます。そこが相手意識を育てるチャンスです。先にグループになって安心して座っている子どもたちに「さあ，あそこにグループに入れなかった友達がいるよ。どうすればいいかな」「自分が座っておしまい！　じゃなくて，全員が座れるように声をかけてあげてね」と促します。共感性の高い子は「こっちに入ってもいいよ」「あそこのグループ空いているよ」と声を出します。そこをすかさずフィードバックすることがポイントです。

　筆者の場合，「『せーの，パン！』であつまろう」は，協同学習を行う前によく行っていました。決められた生活班では関係性が固定化してしまいます。**即興でつくられたグループで，役割分担をして課題解決に臨めるようにしていくことで，コミュニケーション発揮の量と質を上げていきます。**つまり，学習の中で，他者とつながる素地を築けるようにしていくのです。

　ここまで，３つの活動を紹介しましたが，このようなアクティビティを仕組む際には「ただの遊び」にならないように気をつける必要があります。活動のねらいやきまりごとを丁寧に伝えなければ，「秩序なき活動」になってしまいます。「秩序なき活動」が増えていくと，まとまりのない「秩序なき学級集団」になりかねません。だからこそ，アクティビティを導入する際には，丁寧な説明が求められます。ここでいう「丁寧な説明」とは，**ただ単に「長い時間をかけて説明する」**というわけではなく，**「簡潔に手順を明確化しよう」**ということです。

　学級集団としてまとまってきたらこのような活動は減らし，学習の時間にあてていくことが望ましいと思います。また，子どもたちに委任していくこともよいでしょう。「５分でできるゲームを考えてね」「みんなで楽しめる活動にしてほしいです」とこちら側が願いを伝え，子どもたちに任せます。当然，最初からうまくいくことはないので，教師がサポートしていきます。そして，**「学びやすい雰囲気や環境をつくるのは自分たち」「クラスをつくっていくのは自分たち」**という当事者意識をもてるようにします。

2 | 朝の会・帰りの会でつなぐ

　朝の会や帰りの会は，ほとんどの学級で行われている取り組みかと思いますが，その活動具合にグラデーションがあるのが現実ではないでしょうか。

　一方では，子どもたちがその日がんばった友達を笑顔と拍手で讃えて，明日もがんばろうと想いを高める会であるのに対し，片方の教室では教師による「静かにしなさい」という声で始まり，しぶしぶ前に出てきた日直が進行する……という会になっている具合です。また，子どもたちを早く帰すことが目的化し，「今から帰りの会を始めます。お願いします」というあいさつが聞こえたと思っていたら，連絡事項の伝達のみで終えてしまい，すぐに「さよなら」の声がする冷めた会があるというのも現状です。学級経営において大切な時間となる朝の会と帰りの会だからこそ，毎日積み重ねることで，学級への帰属意識を高められるような会にしたいものです。

　朝の会や帰りの会は子どもたちに任せやすい活動の一つです。小学校１年生以外の子どもたちは，やり方は異なるものの経験したことがある子がほとんどかと思います。そこで，２〜６年生を受けもった場合，私は４月から司会進行を任せるようにしています。また，その際には以下のポイントを伝えるようにしています。

---

①　基本的に，朝の会や帰りの会は子どもたちに任せること。
②　司会をする人もそれをフォローする人も協力しなければ成立しないこと。
③　教師が教室にいなくても，時間になったら自分たちで声をかけ合って進行してほしいということ。

　このように，最低限の枠組みを示しておくことによって，子どもたちにとって自由度の高い活動になるようにします。とはいえ，当然ですが人前で話すことが苦手な子どももいるのが現実です。そこで，４月中はある程度こちら側からフォーマットを示しクラス共有のドライブに上げておくようにしま

3章　個と個がつながる「学級システム」　63

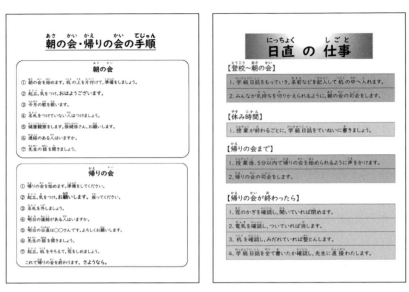

図18　朝の会・帰りの会のマニュアル

す（図18）。

　よくあるフォーマットかと思いますが，筆者の学級では朝の会で行う「⑤健康観察」を特に大切にしています。健康観察は，保健委員会や保健係としての役割を担う子が前に出てきて「今から健康観察をします」と告げてから，出席番号順に名前を呼び「はい，元気です」のように答える形が多いのではないでしょうか。もちろんそれが悪いという訳ではないですが，せっかく時間を使って行うものだからこそ，充実した時間にしたいものです。

　例えば，毎日お題（「好きな食べ物」や「パン派orご飯派」などなんでもいいと思います）を決めておき，呼名したときに，「はい。元気です！　ハンバーグが好きです」のように，自分の体調＋お題の答えを答えるようにします。体調が悪い場合には「からあげが好きです。頭が少し痛いです」のように答えるようにすると相手のことを知りながら，学級の全員で健康状態が把握できます。お題については，保健係に決めておいてもらうのもよいでしょう。筆者の学級では，保健係がアンケートをつくってお題を集めていまし

た。

　また，この活動には，人前で話すことへの抵抗を減らすという意図もあります。実際，クラス会議や協同学習を導入すると，自分の意見が伝えられずに黙ってしまう子は多くありません。この「体調＋お題」のように人前で話す機会を意図的につくることによって，言葉を発する機会を増やしていきます。さらに，この活動を継続していくことによって，自分の考えを話すことだけでなく，友達の発言をしっかりと聴くことのできる子も増えてきました。お題に対する答えだけでなく，「そういえば，頭痛いっていっていたけど大丈夫？」とさりげなく友達の体調を気にかける子も出てきます。このように健康観察であっても，少しの工夫でかかわりの頻度を増やすことができます。

　相手意識に基づく行動が見られた際には，「健康観察のことをよく覚えていたね。先生も嬉しいよ」というようにフィードバックしていくことで強化していきます。つまり，朝の会というのは「**これから共に学ぶ仲間たちの状態を知る場である**」といってもよいでしょう。そういった意識を担任がもち，子どもたちに伝えていくだけでも意味のある時間になっていくでしょう。

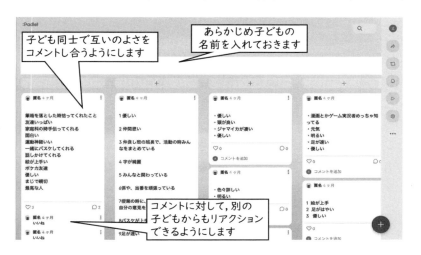

図19　Padletを活用した認め合い活動

「これから共に学ぶ仲間たちの状態を知る場である」朝の会とは違って帰りの会は，「共に学んだ仲間たちのよさを認め合う場」であると考えます。

例えば，筆者が研究で入らせていただいた学級では，朝の会と帰りの会を利用してタブレット端末を用いた「ハッピーメッセージ」という取り組みを行っていました（図19）。

これはその日見つけた友達のよかった姿を，「Padlet」にコメントし合うという取り組みです。「Padlet」とは教育用掲示板にカテゴライズされるアプリで，教育現場で活用されはじめています。Google，Microsoft，Appleのいずれかのアカウントがあればログインすることができます。このPadletを活用することによって，友達のよさの共有が可能になるため，「ハッピーメッセージ」だけではなく，自主学習ノートを写真で載せたり図工の作品を載せて鑑賞会を行ったりすることも可能になります。

このように，子どもたちの関係性が良好なものになるまではある程度教師から枠組みを示し，子どもたちが運営していくよさを実感できるようにしていきます。しかし，子どもたちが慣れてきたら，次はその枠組みを子どもたちと共に広げていくとよいでしょう。例えば，「朝の会・帰りの会を，全員が笑顔になれるようなものにアップデートしよう」という議題で，クラス会議の時間を活用して話し合うことも効果的です。

筆者の学級では，「朝の会での健康観察を通して相手のことをもっと知りたい」「帰りの会では，相手のよさをもっと広げて伝えていきたい」という想いから，「クラス会議のように輪になって朝の会と帰りの会を実施しよう」と輪になって朝の会と帰りの会が実施されたこともありました。机に座って黒板の方を向きながら済ませるのではなく，せっかくなら互いに顔を見てコミュニケーションをとれるようにしたいという理由からこの活動が導入されることになりました。後で調べてみると，このような活動は「サークルタイム」や「シェアリングサークル」と名づけられて，主に海外の学校で実践されていると知りました。このように，朝の会や帰りの会のような少しの時間でも，継続することで子どもたちの相手意識を育むことができます。

3 「やらされ当番活動」を「成長の種」にする

向山（1991）は，学級に存在する仕事を以下の３つに整理しています[1]。

① 学級を維持するため毎日定期的に繰り返される仕事で，一定の人数が必要なもの（日直，掃除当番，給食当番など）
② 定期・不定期にかかわらず繰り返される仕事で，少人数でよいもの（ポスター係，レクリエーション係など）
③ 学級生活を豊かにするために必要な組織（スポーツ係，新聞係など）

この主張に基づくと①は当番活動，②③は係活動といえるでしょう。②③の係活動についてはこの後述べますが，どちらの活動も仲間に貢献することが自らの喜びとなるような経験を積めるようにしていくことが大切です（どこまでが当番活動で，どこからが係活動なのかは，学級や学校によって様々です。ご自身が担任する子どもたちと一緒に決めていくことが望ましいでし

運ぶ	パン ごはん		牛乳		ミニ バット	小さい おかず		食器		大きいおかず		配ぜん台	
番号	1	2	3	4	5	6	7	8	9	10	11		
仕事	もり付け	もり付け	配る	配る	ジャム・みかん・スプーンを配る	配る	もり付け	配る	配る	もり付け	もり付け	配る	配る

あらかじめ子どもの
名前を入れておきます

図20　給食当番表（例）

ょう）。そのために，年度当初はこちら側からある程度完成されたフレームを示し，それに沿って行うことによって手順化を図ります。例えば，給食当番の場合だと図20のような分担表を4月に示し，一人ひとりの役割を見える化します。

　だいたい30人学級であれば，3つのグループに分けて2週間で次のチームに交替するという流れで行います。「当番活動は1週間で交替する」という学級もあるかと思いますが，1週間だと仕事が定着した頃に交替になってしまうからです。仮に当番を行う際に何か問題が起きて話し合って改善しても，それを十分に試すことなく交替になってしまっては，トライ＆エラーを繰り返すことができなくなってしまいます。

　掃除当番においても4月にはある程度完成されたフレームを示します（図21）。掃除当番の場合，学級や学年ごとに掃除分担場所が割り振られている

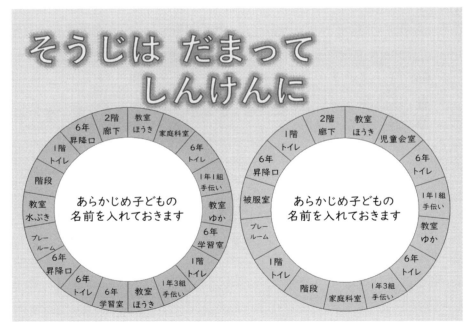

図21　掃除当番表（例）

ところが多いかと思いますが，給食当番と同様に２週間ごとに交替していきます。できるだけ，１学期中に全員が全ての掃除場所を経験できるようにしていきます。

　どちらの活動も，大切なのは「振り返りの時間＋教師のフィードバック」です。振り返りについては４月当初は毎日のように行いますが，慣れてきたら週に１回ほどにしていきます。ただ「グループごとに今日の掃除を振り返ってきてください」とするのでは意味がありません。子どもたちが自身を振り返る芽を育てるために，振り返りの視点を以下のように示しておくようにします。

　☑　掃除道具がきれいに片づいているか確認する。
　☑　掃除場所のきれいレベルは10点満点中，何点になるか指で示す。
　☑　10点にするために明日からの掃除では何をするか考える。

　１学期中に一連の活動が定着化してきたら２学期には，子どもたちの自由度を上げていくようにします。「いろいろなルールやきまりごとを自分たちで守って行動する姿がとても素敵ですが，本当にすごいのは自分たちでルールをきめ直したり自分たちの生活に合うように，よりよい形でつくり直せたりすることだと思います」のような語りをします。そして，このように学級のきまりやルールを再構築する際にクラス会議を活用します。

　例えば給食当番の場合だと，「給食当番の活動をもっとスムーズにする方法を考えよう」のような議題で話し合うようにします。ちなみにかつて担任をしていた６年生では，「担当を確認する時間がもったいない」「みんなでエプロンを着ていると，並ぶのに時間がかかってしまう」という意見から，当番で白衣を着替えた人から廊下に並び，前に並んだ人から順番に「牛乳→食器→ごはん・パン→おかず」のようにシステム化されていきました。先頭に並んだ子の号令で給食配膳室まで移動します。必要に応じて「力のある人が重たいものをもつ」「給食を取りに行くときと返しに行くときとで役割を交替する」のように，子どもたちで話し合って決められるようにしていきます。

3章　個と個がつながる「学級システム」　69

掃除当番の場合でも同様です。クラス会議を通して，掃除分担場所の人数や取り組みを子どもたちと決めたこともありました。当然ですが，子どもたちに掃除分担場所の人数ぎめを任せると，教室は人が足りているのに廊下は人が足りない……とうまくいかなくなることもあります。そこで，うまくいかなかった経験を再度，クラス会議で話すようにします。その結果，「掃除分担場所の優先順位を決めて，優先度の高いところには人を増やす。人が多い分担場所は早めに掃除が終わるため，終わった人から他の分担場所に手伝いに行く」というようなシステムになりました。また，子どもたちの振り返り活動を見ていると，不思議と輪になって話し合っている姿が見られました。その理由を子どもたちに問うと「なんとなく輪になって話す方がしっくりくるから」と語っていました。他者と話し合って物事を解決するよさを実感しているからこその意見だと考えられます。

　このように「**クラス会議**」という道具をうまく利用して，子どもたちと話し合いながら学級としての文化を築いていくことが大切です。教師が「子どもたちが失敗しないように……」と老婆心を働かせるほど「**親切な教育**」は，やがて「**不親切な教育**」へとなり下がるでしょう。そして，親切だと思って示した枠組みからこぼれてしまう子がいると教師の注意が増えてくる……。「やらされ当番活動」の完成です。やらなければいけないことをいかにして「成長の種」にするかどうか，ここが教師の腕の見せどころになってきます。

4 | 進化する係活動

個と個がつながる

　みなさんの学級にはどのような係活動がありますか。また，係活動という形ではなく，会社活動として自由度を広げているという実践例もあります。先に述べた当番活動は「日直」「給食当番」「掃除当番」など学校生活の中で，なくてはならない仕事が該当します。学級のみんなで役割分担をしながら，順番に経験できるようにします。当番活動を通して，学級の一員として自分の役割に責任をもつことの大切さを実感できるようにします[2]。

　一方，係活動は「自分が学級のためにしたい仕事を自ら進んですること」を大切にします[3]。つまり，係活動は子どもたちの「～したい」という自主性を育てるものなのです。実際に学習指導要領にも，

> 　係活動は，学級の児童が学級内の仕事を分担処理し，児童の力で学級生活を楽しく豊かにすることをねらいとしている。したがって，当番活動と係活動の違いに留意し，教科に関する仕事や教師の仕事の一部を担うような係にならないようにすることが大切である。

と示されていることからも，子どもの自主性が尊重されるものであり，**教師が学級を円滑に運営するためのシステムであってはならない**ということが見て取れます。

　筆者がかつて担任をした5年生では，「学級にとって必要であり，友達のためになり自分が続けられる仕事」というテーマを設定し，複数人でまとまって活動をする係活動ではなく，自分がやってみたい活動を1人1つもてるようにしました。学級では「1人1役」と名づけられたこの活動ですが，場合によっては，2人の子が同じ内容の仕事を選択する場合もあります。そのようなときは，互いに話し合い，協力し合ったり譲り合ったりするように促します。また，ポスター係や〇〇紹介係のように活動内容が多かったり，活動範囲が広かったりする場合，一人で仕事をすることが困難な場合もありま

3章　個と個がつながる「学級システム」　71

す。そこで，先に述べた朝の会や帰りの会の中の「係からの連絡コーナー」で，手伝いを募集することによって自分の仕事でなくても協力できるような体制をとりました。主に1学期に行われた係活動「1人1役」でしたが，自分に合った活動を選択し，実行することによって，「自分も学級の一員として活躍できている」「誰かの役に立って嬉しい」のように所属感や貢献感をもつ姿につながっていきました（図22）。また，自分の仕事を一人で抱え込むのではなく，友達に助けを求めることで，自然な協同が生まれるきっかけとなるような体制をとっていきました。

図22　下駄整頓係を選択した子どもの様子

一方で，係活動は発足時には勢いよくスタートしたものの，学期の終わりには「同じような仕事ばかりでマンネリ化してしまう……」などということも少なくありません[4]。このような場合，子どもたちの取り組みをこまめに賞賛していくことが大切です。係活動をがんばっている姿を見つけ，声をかけたり，全体に紹介したりすることによってモチベーションを保てるようにしていきます。筆者の学級では，子どもたちの案でクラス会議の「③コンプリメント（肯定感情）の交換」で，係活動でがんばる人たちを紹介するということを定期的に行っていました。また，時間がとれないときには，先に述べた朝の会の健康観察で「はい，元気です！　○○さんが黒板を消していてよかったと思います」のように紹介する時間をとっていました。いずれにせよ，定期的によさを見つけ，振り返る場面を設けることが大切です。

また，「係活動で活動する人が同じ人に偏ってしまう」ということがクラス会議の議題になることもありました。そのクラス会議は，「係の人数が少

なかったり，困ったりしている人がいたら，もっとみんなで声をかけること」「活動量が少なくて，もっといろいろできそうだと思う人はクラスのためになる新しい仕事を見つけて増やしていくこと」の２点にまとめられました。

　この結論を踏まえて，２学期になると，係活動「１人１役」は，「１人○役」へと名前が変更されました。活動を１つに絞るのではなく，よりよい学級にしていくために気づいたことがあれば必要に応じて自分の係の数を増やしていけるようにするという子どもたちの想いが込められています。高学年になると委員会の関係で人によっては休み時間に係活動ができない子も出てきます。だからこそ「レクリエーション係」のみを自分の仕事にし続ける子もいれば「レクリエーションとお笑い係」を兼任する子もいました。自分の状態に合わせて柔軟に活動を増やしたり減らしたりできるようにしたことが，自分で活動を自己決定・選択する姿につながっていきました。

　この係活動は３学期になると，さらに成長させようとする動きが見られました。これまでは，楽しく豊かな学級生活をつくるために「係活動」という枠組みの中で活動を行っていましたが，学級内における係活動という制度そのものをなくして，気づいた人が学級のためにアクションを起こしていこうという案がクラス会議で提案されました。当然，クラス会議の中では「係がなくなることでうまくいかないことも出てくると思う」という心配意見も出ましたが，「これまで以上に互いに声をかけ合って協力すればできると思う」「まずは１週間，お試し期間にするのもいいかもしれないよ」と，ポジティブに合意形成を図ろうとする姿が見られました。その結果，２学期に取り組んでいた係活動「１人○役」は「１人０（ゼロ）役」という形に発展しました。

　係活動をなくしたことによって，うまくいかないことも予想されましたが，子どもたちの活動には目を見張るものがありました。授業が終われば，誰かが率先して黒板を消す姿や，別教室で授業が行われる際には最後に教室にいた子が電気を消し，配りものがあれば，気づいた人が全体に声をかけて何人かで協力するという姿が見られました。

3章　個と個がつながる「学級システム」　73

1章では，学びのドーナッツ論を例にして，学びは「Ｉ（学習者個人）」が孤独に展開するものではなく，その周囲（いわばドーナッツ部分）に位置する「ＹＯＵ（共感的な他者）」を媒介しながら，「ＹＯＵ」の外側にいる「ＴＨＥＹ（外界）」に参加していくという仕組みになっていると解説しましたが[5]，図23のように，1年間を通じた係活動はまさにこの理論に当てはまる結果となりました。そしてなによりも，子どもたちの想いを信じて，任せること。そこに教師の願いをかけることの大切さを，子どもたちの姿から学んだ実践となりました。

図23　進化する係活動　「1人1役」から「1人0（ゼロ）役」へ

　この「進化する係活動」と二軸で進められていった実践が「成長型のクラス目標」でした。「成長型のクラス目標」は，学級全員で目的地やルートを共有するという役割を担っていたため，学習場面や日常生活場面における道しるべとして機能していました。紙面の都合上，その取り組みについては省略させていただきますが，拙書『シェアド・リーダーシップで学級経営改革』にまとめてありますので，よろしければご覧いただけたらと思います[6]。

5 指導力のある教師は学校行事をうまく利用する

　小学校であれば，運動会や遠足，中学校であれば体育祭や合唱コンクールなどの学校行事。みなさんが担任する学級の子どもたちはこれらの活動に対してどのように取り組んでいるでしょうか。

　東京都内の公立学校を対象とした調査は，コロナ禍前と比べて行事を削減した学校が約9割であったことを報告しています[7]。運動会のほかにも，クラブ活動や児童会活動，学級会など「特別活動」の見直しを進める学校は少なくありません。この調査では「日本の学校教育の大きな特徴である特別活動が曲がり角を迎えている」ということが指摘できるのかもしれません。このような背景には，新型コロナウイルスの影響のみならず，教員の過重労働を抑制するための働き方改革や，外国語教育・プログラミング教育など学ぶべき内容の増加があるといいます。つまり，現代の学校事情を考慮しながら，子どもが主体となる学びの時間をどうしていくのがいいのか，考えていく必要があるのです。

　しかしながら，子どもたちにとって学校行事がもたらす影響は，とても大きいことが指摘されています。例えば，バイドゥ株式会社による「【Simejiランキング】Z世代が選ぶ『学生時代の思い出TOP10』」によると，第1位が「修学旅行」，第2位が「運動会，体育祭」であったことが明らかにされています[8]。また，この後も第5位に「文化祭」，第6位に「卒業式」，第7位に「遠足」がランクインしていることから，学校は勉強する場であると同時に，かけがえのない思い出を仲間とつくる大切な場であるということが窺えます。

　このように，学校行事は子どもたちにとってポジティブな想いや影響をもたらすものであるということが，いくつかのデータから見て取れます。また，それだけでなく，行事の中止や縮小は子どもの社会性の発達に悪影響をもたらすことも明らかにされています[9]。例えば，日本財団・三菱UFJリサーチ＆コンサルティングにおける調査によると，小学校におけるコロナ禍の運動

3章　個と個がつながる「学級システム」　75

会・球技大会の中止・縮小は，非認知能力の高さや友達と遊ぶ頻度，心身の健康に負の関連を示していることが報告されています[10]。加えて，2020年度に運動会で子どもの主体性が損なわれていた学校ほど，子どもが運動会で役割発揮をしにくく，次年度の社会参画意識が低い傾向にあることや[11]，特別活動の特質である「話し合い活動」にブレーキがかかってしまっているなどの問題点が指摘されています[12]。これらのことから，学校行事の喪失はマスク世代の子どもたちにとって，大きく爪痕を残している可能性がありそうです。

　ポストコロナ禍においては，全ての行事を以前の形に戻すのではなく，中止や縮小したことでよかったと判断できるものは，現行の形（変更後の形）で進めているという現場の声を聞きます。例えば，コロナ禍前は「終日開催」であった運動会も，午前中のみで終える「半日開催」を選択する学校が増えているそうです。このように時間的な制限を設けることによって，子どもたち，教職員，保護者のそれぞれの立場から見たメリット・デメリットがあります。だからこそ，「何のために行うのか，誰のために開催するのか」ということを見据えていきたいものです。

　学校行事が置かれている現状やその必要性についてご理解いただけたかと思います。それでは，学級経営でつなぐカリキュラム・マネジメントにおいて学校行事をどのように位置づけていけばよいかお伝えしていきたいと思います。ここまでの文脈に沿って「運動会」を例として，考えていきたいと思います。

　学習指導要領における「健康安全・体育的行事の目標」には「心身の健全な発達や健康の保持増進などについての理解を深め，安全な行動や規律ある集団行動の体得，運動に親しむ態度の育成，責任感や連帯感の涵養，体力の向上などに資するような活動を行うこと」とあります。しかし，実は学習指導要領の本体には「運動会」という言葉は一言も出てきません。解説に，健康安全・体育的行事の一つの例として登場しているのです。つまり，極端な話をすると，「うちの学校は運動会を実施しません」という学校があっても

よいということになります。健康安全・体育的行事を全くなくしてしまうのは学習指導要領上も問題がありそうですが、そのような学校はほとんどないと思われます。

これらを踏まえて、教育研究家の妹尾（2022）は運動会の目標として、

- やればできるという達成感を体感してほしい
- 学級・学年単位はもちろん、異学年でも協力、連帯するよさを学んでほしい
- 児童が運営に関わることで、主体性や周りに貢献することを体験してほしい

とまとめています[13]。このように見ていくと、運動会は「運動」というものをきっかけとして、自分とは年齢が異なる他者と協力するよさや、周囲に貢献するよさを体験する場であるということが見て取れるかと思います。つまり、**運動会は、整然としたパフォーマンスを目指し、教師の言いなりに子どもを動かすものでもなければ、保護者を喜ばせるためのものでもない**ということが指摘できます。アクティブ・ラーニングや子どもたちの主体性を育むことが一層大事になっている時代にこれではチグハグです。

大切なのは、子どもたちが目的意識や自分なりのめあてをもって運動会に参画できているかどうかという視点です。そういった意味では、子どもたちが、運動会のプログラムの企画を立案するということも可能でしょう。多くの小学校では、高学年が低学年の子の世話をしたり、当日の運営スタッフをしたりしていると思いますが、担当の教師からトップダウン的に作業を分担するだけでなく、ボトムアップ的に企画から子どもたちが入るような仕組みをつくることも考えられます（図24）。

実際に高学年であれば、クラス会議を通して学級単位で実施したい競技について話し合うということも可能です。その後、それぞれの学級で持ち寄った意見を学年で話し合って意思決定していくということもできます。学級・学年単位でクラス会議を実施していれば、このようなときにクラス会議の手

3章　個と個がつながる「学級システム」　77

法を援用した学年クラス会議ができます。また，低学年や中学年においても，競技を企画するということは難しくても，その中身や作戦について話し合うことはできます。中学生であれば，なおのこと任せられる範囲も増えるでしょう。いずれにせよ，学校行事をうまく利用して，子どもたちの当事者意識や相手意識を育んでいくことが大切です。そのときに，学級の中で「自分たちのルールは自分たちでつくる」という意識が根づいていると，子どもたちに多くの裁量を任せることができます。クラス会議を通して得られる学びは，このようなときにこそ発揮されるのです。

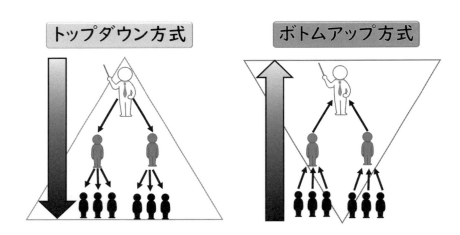

図24　トップダウン方式からボトムアップ方式への転換

　さて，ここまでクラス会議で得られる学びを日常生活場面に汎化させていくための考え方やその手立てについてお伝えしてきました。講座等でクラス会議の話題について触れると，「クラス会議で話し合うお題がなくて困ります」「議題箱に話し合いたいことを入れる子が少なくて……」とご質問いただくことが多くあります。しかし，このように日常生活場面に目を向けてみると話し合うべきネタはたくさん転がっているのではないでしょうか。最初は教師から話題提供をすることも一つの手です。話し合い文化が根づいていない学級では，子どもたちが話し合って問題を解決するよさを見出せていな

いからです。つまり，**最初はトップダウン方式でも構いませんので，子ども**
たちが話し合う価値や社会的スキルを伝えていき，次第にボトムアップ方式
で子どもたちの言葉で学級を創っていけるようにしていくことが望ましいで
しょう。それは次章から述べる授業についても同様です。

引用文献
1　向山洋一『学級を組織する法則』明治図書出版，1991
2　佐藤理津子「小1 初めての当番活動・係活動の指導アイデア」みんなの教育技術，2022
3　首藤政秀「"学級リーダー" 新システム＆活用アイデア(8)　係活動は『やりたいこと』，当番活動は『すべきこと』」明治図書 ONLINE，2015
4　佐藤あすか「脱マンネリ！　子供たちの係活動のアイデアを広げるアイデア」みんなの教育技術，2022
5　佐伯胖『「学ぶ」ということの意味』岩波書店，1995
6　赤坂真二，水流卓哉『シェアド・リーダーシップで学級経営改革』明治図書出版，2024
7　NHK「"学校行事を削減" が約9割　独自調査で分かった現代の学校事情」2023
8　Simeji「【Simeji ランキング】Z 世代が選ぶ『学生時代の思い出 TOP10』」2022
9　久保田（河本）愛子「コロナ禍における小学校の運動会の中止・縮小と社会参画意識との関連　学校・家庭要因，運動会での役割発揮を考慮に入れた検討」日本特別活動学会紀要，第31巻，pp.49-58，2023
10　公益財団法人日本財団・三菱 UFJ リサーチ＆コンサルティング株式会社「コロナ禍が教育格差にもたらす影響調査：調査レポート」週刊教育資料，1619号，pp.19-32，2021
11　荒巻淳「特別活動が放つエネルギー（コロナ禍での実践）」日本特別活動学会紀要，第30巻，pp. 21-26，2022
12　前掲9
13　妹尾昌俊「運動会は何のため？【妹尾昌俊の「半径3ｍからの "働き方改革"」第5回】」みんなの教育技術，2022

クラス会議×教科で考える「授業デザイン」

4章

1 実践例：クラス会議 × ICT 機器の親和性

　ここからは，学級経営でつなぐカリキュラム・マネジメントを実現する授業デザインについて，解説していきます。しかし，その前に，この構想と ICT 端末はとても相性がよいので，まずはじめに，小学 5 年生で行った実践を例として，戦略の中核となるクラス会議と ICT 機器の親和性について述べていきたいと思います。

▼ 授業の流れ

① 基本的に 2 章で示したクラス会議の実施手順に沿って行います。
② 議題を確認し，自分の意見をスプレッドシートに入力します。
③ 意見を出し合う→比べ合う→まとめるの手順で進めていきます
④ Google Forms でアンケートを作成し，多数決をとります。

▽ 授業展開モデル

※輪になった状態で始めます。

司　会：これから，5 年○組のクラス会議を始めます。今日の議題提案者は
　　　　　○○さんです。

※大型テレビにパワーポイントで作成された「クラス会議の手順」を映しながら進めていきます。

司　会：今日の議題は「みんなで楽しめるお楽しみ会を計画しよう」です。
　　　　　これは学級の全員にかかわる議題でいいですか。

子ども：いいです。

司　会：それでは，少し時間を取りますので，「スプレッドシート」に自分
　　　　　の意見を書き込んでください（図25）。

ポイント

　必要に応じて Google スプレッドシートに書き込む時間を取ります。このスプレッドシートの利点としては共同編集が行えるということです。例えば，国語の授業で物語文を読んだ感想をシートに書き込むと，全員の感想を読むことやコメントし合うこともできるようになります。

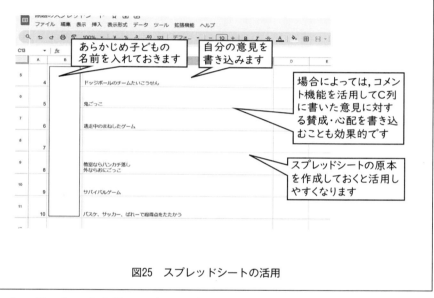

図25　スプレッドシートの活用

司　会：だいたい書き込めたと思います。それでは，意見を発表していってください。

子ども：ドッジボールを生活班で対抗戦にするとよいと思います。

子ども：みんなで鬼ごっこがしたいです。

子ども：鬼ごっこは休み時間によくやるから，ボールを使った遊びがしたいです。

※意見を「出し合う→比べ合う→まとめる」の手順で進めていきます。

司　会：意見が少なくなってきたので，ここで「ChatGPT」にも聞いてみたいと思います（図26）。

4章　クラス会議×教科で考える「授業デザイン」　83

ポイント

　クラス会議において「意見が出尽くしてしまって話し合いが停滞してしまう……」「議題が難しくて，なかなか案が浮かばなくて，冷めた雰囲気になってしまう……」などということはよくあります。そこで，生成 AI（ChatGPT）が話し合い活動の一助になることもあります。

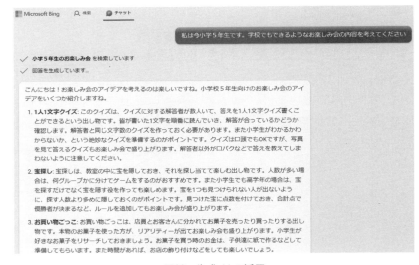

図26　生成 AI の活用

子ども：おもしろそうな意見がたくさん出るね。
子ども：でも，クイズ大会や宝探しは教室でもできるよ。
子ども：確かに，どうしたらいいかな。
子ども：じゃあ，「晴れの日バージョン」と「雨の日バージョン」の両方を
　　　　考えておけばいいんじゃないかな。
子ども：それいいね。
子ども：じゃあ，多数決で多い案から順番に決めていこう。
司　会：それでは「ChatGPT」の意見も取り入れて多数決をしたいと思い
　　　　ますが，みなさんいいですか（図27）。

ポイント

　多数決を行う際に，そのまま挙手してきめる場合がほとんどだと思います。しかし，「何回手を挙げたか忘れちゃった……」「そもそも手を挙げることを忘れてしまった……」のようなことはよく起こります。その結果，もう一度多数決をやり直して時間がなくなってしまう……。などということもあります。「Google Forms」のアンケートを活用することですぐに結果が集約されて表示されるので，このようなミスを減らし，時間を短縮することが可能になります。

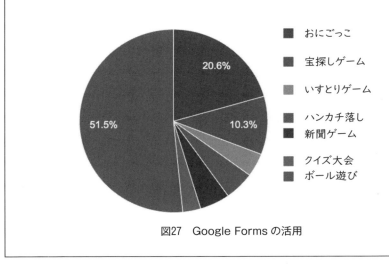

図27　Google Forms の活用

司　会：結果が出ました。晴れの日だったら「ボール遊び」，雨の日だったら「教室で宝探しゲーム」ということでいいですか。
子ども：いいです。
司　会：それでは，クラス会議を終わります。ありがとうございました。

▼**実践のポイント**

　子どもたちが主導で行ったクラス会議の概要を載せましたが，いかがでしょうか。後日談になりますが，この日のクラス会議で採用されなかった意見については子どもたちの案で「週に1度，クラス全員が休み時間に集まって遊ぶ日」が設定され，そこで一つずつ実施されることになりました。その際にも，子どもたち主導で，無料オンラインツール「Web ルーレット」を使用して決めていました（図28）。このサイト内にはルーレット機能だけでなく，「スコアボード」や「デジタル時計」などの学習に使えるツールがそろっているのでおすすめです。

　また，生成 AI に学級の実態を客観視させることも可能です。例えば，学

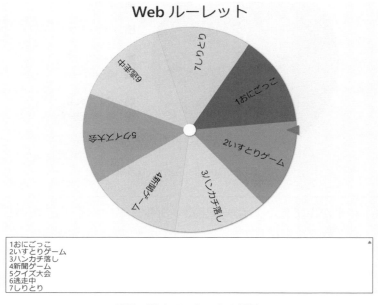

図28　Web ルーレットの活用

級活動でよく実践される「○年○組のいい所をみつけよう」では，事前に自分の意見をスプレッドシートシートに打ち込んでおきます。次に，全員の意見を集約してChatGPTにまとめてもらいます。そして，まとめた結果を授業の導入で提示します。その結果を見た子どもたちの中には「いやいや，このクラスのよさはもっとあるのに」「ChatGPTにはわからないよさがこのクラスにはあるよ」とつぶやく子もいます。そこで，「ChatGPTでも気づくことができないこのクラスのよさを見つけよう」を議題にして話し合い活動を行います。ChatGPTは，「もっともらしいデタラメを回答する」と指摘されていますが[1]，それを逆手にとって子どもたちに「この議題をみんなで話し合いたい」と思えるようなしかけをしていくことも，ICT機器を活用するよさでしょう。

このように，子ども同士をつなげていくためのクラス会議においてもICT機器は効果を発揮します。そして，このICT機器はこの後述べる教科学習場面においても活用することができます。端末を活用すると，資料や意見を共有しやすく，アンケート機能を使えば，振り返りの場面で瞬時に意見を集約できる等，多様なアイデアの創造，議論の活性化につながることが期待できます。

一方で，気をつけておきたいこともあります。クラウド環境を通して，いつでも友達の意見が見られたり，共有したりできるようになりましたが，**そもそも意見を伝え合えるような関係性がなかったら難しい**ことです。クラウドを使うと，全ての意見が一気に可視化されます。これまでの，ノートにだけ書いている時代だったら，発言したくない子どもは黙っていればそのまま済んでいました。しかし，共同編集をしていたら，いくら読まれたくないと思っていたとしても一瞬で共有されてしまいます。そういう意味では，関係性がよくないと，自分の思っていることが書けず，うわべだけの意見を打ち込むだけの時間になりかねません。つまり，1人1台端末とクラウド環境を活用した授業を成り立たせていこうとする際にも，相手意識に基づくコミュニケーション能力は必須の能力になっているのです。

2 実践例：クラス会議×国語の親和性

　ここからは，クラス会議と国語の授業との親和性についてお伝えしていきます。国語教育については，「言語表現力」の低下が問題となっており，生活の中で生きて働く基礎的な知識や技能が身についていないことや目的意識や相手意識が弱いことが明らかにされています[2]。また，小学校学習指導要領では，国語科の目標を以下のように定めています。

> 　言葉による見方・考え方を働かせ，言語活動を通して，国語で正確に理解し適切に表現する資質・能力を次のとおり育成することを目指す。
> (1)　日常生活に必要な国語について，その特質を理解し適切に使うことができるようにする。
> (2)　日常生活における人との関わりの中で伝え合う力を高め，思考力や想像力を養う。
> (3)　言葉がもつよさを認識するとともに，言語感覚を養い，国語の大切さを自覚し，国語を尊重してその能力の向上を図る態度を養う。

　わかりやすく言い換えると，「国語の学習を通じて，日常生活で必要な言葉を正確に使い，人との関わりの中でコミュニケーション能力を高め，思考力や想像力を養い，言葉の大切さを自覚し，国語の能力を向上させることを目指す」という感じでしょうか。ポイントになるのは「人との関わりの中で」というところです。つまり，**国語の授業でも他者とかかわりながら使える学力を身につけていくことが大切である**ということです。

　クラス会議で学んだ「話す・聴く・うなずく・共感する」などの対人技能を国語の授業でも発揮できるようにしていこうというのが，構想の戦略になります。実際に全校体制で取り組み成果をあげているという報告もありますので，両教科を関連させて学べるようにすることは，効果がありそうです[3]。ここでは，具体的な授業の流れを示します。

| 小学1年生 | もじをかこう |

　1年生が最初に学ぶことになる「ひらがな」についての指導例です。ここでは声に出して読む，目で形をイメージする，頭で様子を考える，手でしっかり書けるようにしていくことが大切です。

▼授業の流れ
① 学習する文字を確かめます。
② その文字が使われている言葉を考えます。
③ 文字の形のポイントを言葉で表します。
④ 書き順を確認します。
⑤ 実際にプリントに練習します。

▽授業展開モデル

教　師：今日の授業で学習する文字はこれです（「て」と黒板に書きます）。

教　師：みなさん読めますか。読めた人は隣の人に伝えてみてください。どうぞ（ペアトーク）。

※隣同士で話し合いができているか確認します。

教　師：ただ伝えるだけではなくて，友達の目を見て伝えている人がたくさんいましたね（フィードバック）。
　　　　それでは，「て」のつく言葉で知っているものを見つけてもらいますので，生活班で相談してください（3〜4人程度のグループ）。
　　　　1分後に，くじで当たった人は班の代表として発表してもらいます。

※1分後

教　師：（くじを引いて）それでは，1番の人は1つだけ発表してください。

子ども：てつぼうです。

子ども：てつだいです。

4章　クラス会議×教科で考える「授業デザイン」　89

子ども：てんきです。

教　師：それでは「て」を書くときに気をつけるポイントはどこだと思います か。同じように，くじで当たった人に発表してもらいますね。

※生活班ごとに話し合いができているか確認しながら見て回ります。「相手 に伝わる声で話せているね」「聞き方が素敵だね」と価値づけるとよいで しょう。

教　師：（くじを引いて）次は，４番の人が発表してください。

子ども：最初はまっすぐ書きます。

子ども：まっすぐ書いた後の「くるるん」が大事です。

子ども：「くるるん」ってしすぎちゃうとへんな字になるから「くるん」く らいで止めたほうがいいと思います。

教　師：ははは。「くるん」で止めるんですね。それでは，空に書いてみま しょう。みんなで見つけたポイントを思い出しながら書きましょう。

※「くるん」と声をそろえながら空中に「て」を書きます。

教　師：それでは，プリントに書いて練習します（市販されているもので構 いません）。書くときに声を出しながら練習するといいと思います よ。

▼ 実践のポイント

　ひらがな練習の一般的な形に加えて，協同学習の要素を取り入れてみまし たが，いかがでしょうか。３～４人の生活班に，それぞれ１～最大４までの 数字を割り振っておき，問題に対して班全員で答えを考え，誰が指名されて も困らないようにします。そして，くじやルーレットなどを活用して指名さ れた人が班の話し合いの内容を発表するという流れで行います。この活動に は協同学習でいうところの「１・２・３・４」という技法を取り入れていま すが，少しの工夫で子どもたちの活動はアクティブになっていきます[4]。

　ここでは１年生を例としてあげましたが，国語は，授業時数が多いという こともあり，協同学習の技法を取り入れた活動を日常的に行いやすい教科だ

という指摘もあります[5]。このような活動はどの学年，どの教科においても汎用性の高い活動になりますので，学期はじめなど，なるべく早い時期から行うとよいでしょう。最初は，教師が活動の流れを子どもたちに示していくことが大切ですが，学級集団としてまとまってきたり，子どもたちが慣れたりしてきたら，教師の介入を減らしていきます。そうして子どもたち自身が学習の主体者であるという認識をもてるようにしていきます。全ての教育活動に当てはまることですが，図29のように，学級づくりも授業づくりも教師からいわれた他律的な学習で終えるのではなく，主導権を子どもたちに託して自律に向かえるようにするイメージで行います[6]。必要に応じて，「クラス会議で学んだ聞き方ができていたね」「今日の学びをクラス会議でも生かしてみてね」のようにフィードバックしていくことで，汎化を促します。

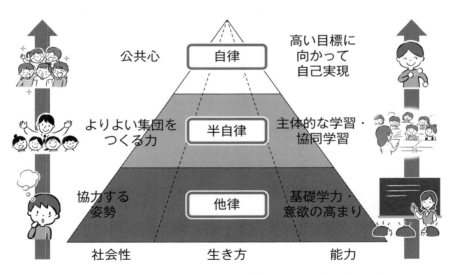

図29　自律に向けた個人の成長モデル（大前，2015をもとに筆者加筆）

小学6年生 ＼ プロフェッショナルたち

　この教材は「東京書籍『新しい国語』6年」の中にある説明文です。

　本文の中には，3人のプロフェッショナルたちの生き様や，その根底にある思いや考えが綴られています。子どもたちがそれらを受け止め，自分自身の生き方や理想の生き方について考えることを目指します。単元の終末には「自分の将来や生き方について考えたことをキャリアパスポートにまとめること」を位置づけます。そして，3人のプロフェッショナルたちの生き方について考えるとともに，自らの生き方を考え文章にまとめるようにします。

　3人のプロフェッショナルは，「イルカの人工授精に初めて成功した海獣医師」「リニアモーターカーの外張りを手掛けた板金職人」「フランスで有名な洋菓子のパティシエ」とそれぞれのジャンルに分かれています。そこで，協同学習「ジグソー」の要素を取り入れた学習を展開することにより[7]，深く読み取る力と考えを整理する力が身につくようにします。

▼授業の流れ

① 　教材文を読みます（デジタル教科書を活用してもよいでしょう）。

② 　生活班（3〜4人）で話し合い，3人のプロフェッショナルの中から自分が担当する人を選びます。

③ 　同じ人を選んだ子が集まってグループをつくり，自分が担当した人のどのようなところにプロフェッショナルを感じるかまとめます（Google Jamboard のようなアプリを活用するのがおすすめです）。

④ 　生活班に戻り，自分が担当したプロフェッショナルについて解説します。

⑤ 　3人のプロフェッショナルに共通するものは何か，考えてまとめます。

⑥ 　どのような話し合いをしたのか全体で共有します。

▽授業展開モデル

プロフェッショナルたち

○ねらい
・3人のプロフェッショナルの生き方を知る。
・自分が考える「プロフェッショナル」について文章をまとめる。

○学習の流れ
①教材文を読みます。
②生活班（3〜4人）で話し合い，3人のプロフェッショナルの中から自分が
　担当する人を選びます。
③同じ人を選んだ子が集まってグループをつくり，自分が担当した人のどの
　ようなところにプロフェッショナルを感じるかまとめます。
④生活班に戻り，自分が担当したプロフェッショナルについて解説します。
⑤3人のプロフェッショナルに共通するものは何か考えてまとめます。

図30　学習のねらいや流れ

※授業のねらい，学習の流れ，時間配当は図30のように大型テレビ等であら
　かじめ示しておくと，子どもたちが見通しをもてるようになります。

教　師：今日から教材「プロフェッショナルたち」について学びます。まず
　　　　教科書を読みましょう。
※音読，黙読，デジタル教科書の音読など，子どもたちが自分に適した方法
　を選べるようにします。
教　師：それでは，3人のプロフェッショナルの中から自分が担当する人を
　　　　選びます。生活班（ホームグループ）の中で相談してください。
教　師：決まったところから，同じ人を選んだ人同士でグループをつくって
　　　　（エキスパートグループ），自分が担当した人のどのようなところに
　　　　プロフェッショナルを感じるかまとめます。まとめた後，それぞれ
　　　　が専門家になって生活班（ホームグループ）の友達に伝えますので，
　　　　専門家になって戻ってきてくださいね。

4章　クラス会議×教科で考える「授業デザイン」　93

※ノートやタブレット等，まとめ方は子どもたちが選択できるようにします。

※教師は，グループごとに話し合いができているか確認しながら見て回ります。「クラス会議で学んだ聞き方や話し方ができているね」などと価値づけながら机間巡視を行います。

教　師：それでは，生活班（ホームグループ）に戻って，自分が担当したプロフェッショナルについて解説します。友達の解説を聴くときには，メモを取るようにするといいですね。

※解説が終わり次第，次の活動に進むように促します。

教　師：それでは，3人のプロフェッショナルに共通するものは何か考えてください。

子ども：技や技術を極め続けているところ。

子ども：どんなことがあっても最後までやり遂げようとするところ。

子ども：自分のためだけじゃなくて，誰かのためにという気持ちをもっているところ。

※生活班ごとに3人のプロフェッショナルに共通することを話し合い，一つにまとめるようにします。その際は，思考ツール「ベン図」を用いるようにすると共通点と相違点が明確になります。

教　師：グループでどのような意見が出たのか全体で共有します。（くじを引いて）それでは，3班の人が発表してください。

※班で作成した「ベン図」を大型テレビに映しながら説明します。

教　師：自分が考える「プロフェッショナル」とはどのようなことなのかをまとめます。スプレッドシートに書き込んでください。

▼実践のポイント

　この単元では協同学習の技法の一つである「ジグソー」を取り入れました。この「ジグソー」には，子ども同士の互恵的な支え合いを促す仕組みが組み込まれています[8]。

　この技法は生活班（ホームグループ）や学習班（エキスパートグループ）

に分かれて学習します（図31）。例えば、4つの課題があったとしたら、1つ目の課題はAさん、2つ目の課題はBさん、3つ目の課題はCさん、4つ目の課題はDさんが担当します。次に同じ課題の子が集まって、学習班（エキスパートグループ）をつくって課題解決をします。課題解決後、ホームグループに戻って、その成果を他のメンバーに伝えます。そうして4つの課題について内容を共有できるようにします。

　子どもたちの動きが複雑になるため、**最初は「なぜジグソー学習を行うのか」という価値やそのよさ、具体的な手順について教師が詳しく説明する必要がありますが**、それぞれが役割を果たし、協力していることを実感できる方法です。共通の目標に向かって子ども同士の互恵的な関係性を強固なものにする上で一役買ってくれるため、クラス会議とも親和性があります。

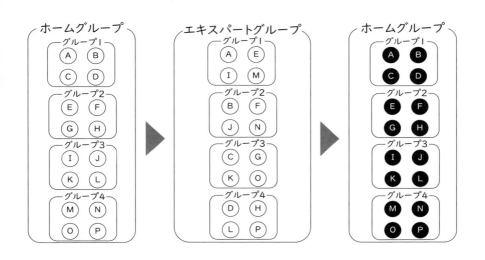

図31　協同学習「ジグソー」のイメージ

3 実践例：クラス会議×算数の親和性

　ここからは，クラス会議と算数の授業との親和性についてお伝えしていきます。小学校学習指導要領では算数の目標を以下のように定めています。

　数学的な見方・考え方を働かせ，数学的活動を通して，数学的に考える資質・能力を次のとおり育成することを目指す。

(1)　数量や図形などについての基礎的・基本的な概念や性質などを理解するとともに，日常の事象を数理的に処理する技能を身に付けるようにする。

(2)　日常の事象を数理的に捉え見通しをもち筋道を立てて考察する力，基礎的・基本的な数量や図形の性質などを見いだし統合的・発展的に考察する力，数学的な表現を用いて事象を簡潔・明瞭・的確に表したり目的に応じて柔軟に表したりする力を養う。

(3)　数学的活動の楽しさや数学のよさに気付き，学習を振り返ってよりよく問題解決しようとする態度，算数で学んだことを生活や学習に活用しようとする態度を養う。

　ここでポイントとなるのは「基礎的・基本的な概念や性質などを理解する」「数理的に処理する技能を身に付ける」「筋道を立てて考察する力」「総合的・発展的に考察する力」のあたりでしょうか。つまり「計算できればよい」などという知識及び技能だけではなく，計算の意味や仕方を考えたりすることなどが思考力，判断力，表現力等に示されているので，そのねらいに沿った学習展開が求められています。また，算数の問題解決の過程では「他者とのコミュニケーションによって算数を深く学ぶこと」「他者との数学的なコミュニケーションによって算数を学び続けること」の必要性が指摘されており，算数の授業においても他者とかかわりながら使える学力を身につけていくことが大切になると考えられます。

　2022年に実施した経済協力開発機構（OECD）による国際学習到達度調査

（PISA）の結果，日本は読解力，数学的応用力，科学的応用力の全てで平均点が上昇したことが報告されています[9]。数学的応用力は6位から5位，科学的応用力も5位から2位に順位を上げ，読解力は前回（18年調査）の15位から3位へと順位を大きく伸ばしたという結果から，3分野とも「世界トップレベル」と評価されています。これらの結果から，これまでの日本の教育が功を奏したといってもよいでしょう。

その一方で，算数科の授業については個人差が最も大きく影響する教科であるという報告がなされています[10, 11]。かつて担任をもった6年生では，塾で予習をして中学卒業までに必要な数学の内容を理解している子もいれば，九九すら覚えていない子もいました。このように学力差がはっきりと現れる教科であるからこそ，個人差を考慮した授業デザインが求められるのです。私は，図32のようなフォーマットをもとに日々の授業をデザインしていますが，算数の授業こそ「この問題，わからないから教えてくれる？」と声をあげることのできる学級の雰囲気や「あの子はこの問題でつまずいていないかな」などの相手意識のある思いやりが求められるのです。

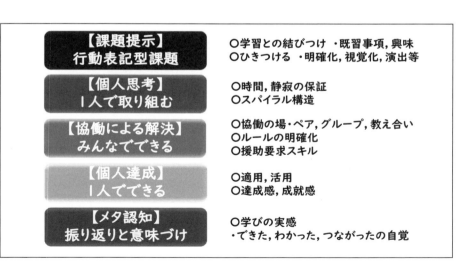

図32　算数の授業のフォーマット

小学4年生　面積

　4年生で学ぶことになる「面積」についての指導例を示したいと思います。ここでは複合図形の面積について，長方形の数に着目することで，より効率のよい求積方法を自ら選択できるようにします。

▼授業の流れ
① 問題を確認します。
② 既習事項と比較します。
③ 個人解決の時間をとります。
④ 構成的なグループによる問題解決をします。
⑤ グループ間で交流します。
⑥ グループ間交流で得た学びをもとに再度，構成的なグループによる問題解決をします。
⑦ 全体で共有します。

▽授業展開モデル

教　師：今日の授業で求める面積はこれです（問題の提示）。
子ども：難しそう……。
教　師：それでは，これまでと違うところはどこですか。
※つながりを意識できるよう，既習問題との比較をします。
子ども：1マスが何cmか書いていないのでわかりません。
教　師：そうですね。では，何cmであれば問題が解きやすそうですか？
子ども：1マスが1cmであれば解きやすいです。
教　師：それでは，1マス1cmとして考えてみ

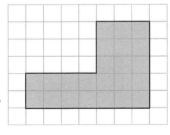

てください。

※あえて数字を入れないという「不親切な工夫」をすることで，子どもたち
　が問題のイメージや結末を予測できるようにします。

子ども：いつもの図形と違って，複雑だから1回の計算で求めることが難し
　　　　そうです。

教　師：それでは今日は複雑な図形にも挑戦してみましょう（学習問題の提
　　　　示）。まずは一人で考えてみましょう（個人思考の時間）。

※図形を長方形や正方形に分けて考える子や，小さい長方形を付け足して，
　大きい長方形に見立てて計算する子もいるでしょう。当然，まったくわか
　らない子もいるはずです。個人思考の時間は10分程度とりますが，考えを
　書き終わった子から意見を交流することもよしとします。

教　師：それでは，自分の考えを生活班で伝え合ってください（構成的なグ
　　　　ループによる問題解決）。

※ここでも10分程度とりますが，「リアクションをする」「全員が話せるよう
　にする」など，クラス会議を通して培った対人技能を話し合いのポイント
　として示しておきます。

教　師：それでは他のグループと交流します。4人のうち，自分のグループ
　　　　に残って説明する人を1名，他のチームに聞きに行く人を3人決め
　　　　てください。

※グループ内での協働に留まることなく，グループ間でも協働できるように
　します。

教　師：それでは聞いてきたことをもとに，もう一度グループで話します。
　　　　いろいろな意見に共通することや違ったところを見つけてください。

教　師：最後に全体で話し合ったことを共有します。（くじを引いて）それ
　　　　では，10番の人が発表してください。

4章　クラス会議×教科で考える「授業デザイン」　99

▼実践のポイント

　この授業では，協同学習でいうところの「特派員」という技法を取り入れていますが，これはグループ間の交流を促進する上で適した方法です[12]。具体的な手順としては，図33のように，グループのメンバーを①残って説明する役割と，②他のグループに行って話し合ったことを聞いてくる役割（特派員）に分担します。残った人は他のグループの特派員に説明をします。特派員は他のグループの説明を聞いて，ホームグループのメンバーに，聞いた内容を共有します。そこから，再度話し合ってグループの意見を練り直すという流れで行います。

　グループ内での協力に留まることなく，グループ間でも協力するというのがこの活動のポイントとなりますが，教師がある程度，構成的に時間をコントロールできるというメリットがある一方で，時間内に理解できない子も当然出てきてしまいます。そのような子たちが「ここの問題を教えてほしい」と援助要請できるような関係性が必要になります。

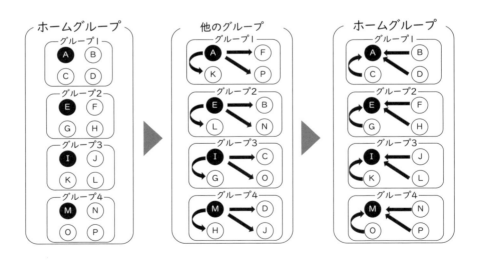

図33　協同学習「特派員」のイメージ

| 小学3年生 | 大きい数のわり算 |

　それでは，相手意識に基づくコミュニケーション能力を育成するきっかけになる実践をもう一つ紹介したいと思います。3年生で学ぶことになる「大きい数のわり算」の指導例です。ここでは，大きい数のわり算の仕方や分数とわり算の関係について理解し，計算ができるようにするために，具体的な操作を通したり，考えを説明させたりします。

▼授業の流れ………………………………………………………………………
① 問題を確認します。
② 既習事項と比較します。
③ 個人解決の時間をとり，全員が自分の考えをもてるようにします。
④ ペアになって話し手と聞き手の順番を決めます。
⑤ 話し手が自分の考えを説明し，聞き手は聞いた説明をそのまま繰り返して確認します。
⑥ 役割を交代して，隣同士や前後で同じ説明を繰り返します。
⑦ 全体で共有します。
…………………………………………………………………………………………

▽授業展開モデル
教　師：今日の問題を書きます（黒板に板書する）。

> 69枚の色紙を，3人で同じ数ずつ分けます。
> 1人分は何枚になりますか。

子ども：昨日の問題と似ているよ。
教　師：それでは，昨日の問題と違うところはどこですか。
子ども：色紙の枚数が60枚から69枚になっています。
子ども：色紙が9枚増えています。

4章　クラス会議×教科で考える「授業デザイン」　101

子ども：わられる数が何十になっていないから難しそうです。

教　師：それでは「69÷3の計算の説明の仕方を考え，全員が説明できるようになる」を目指しましょう（学習問題の提示）。まずは一人で考えてみましょう（個人思考の時間）。

※図を使って考える子やわられる数を60と9に分けて考える子，30と30と9として計算する子もいるでしょう。個人思考の時間は10分程度とりますが，考えを書き終わった子から説明できるように練習することもよしとします。

教　師：それでは，これから自分の考えをペアで伝え合います。

※ここで協同学習「お話テープレコーダー」の技法を活用します。

教　師：まずはじめに，最初に説明する人，つまり話し手を決めます。話し手は隣の人，つまり聞き手の人に自分の考えを説明します。次に聞き手の人は，聞いた説明をそのまま繰り返して確認します。そして，役割を交代してください。

　　　　話し手の人は，もしもうまく説明できなかったりわからなくなったりしても話せるところまで話してみましょう。聞き手の人は，クラス会議で学んだ相手が嬉しくなる聴き方を意識してくださいね。それではどうぞ。

※ここでも10分程度とりますが，「リアクションをする」「全員が話せるようにする」など，クラス会議を通して培った対人技能を話し合いのポイントとして示します。

教　師：次は後ろの人，斜め後ろの人の順番で交流します。説明しているときに「あれ？」となったことや「この人の説明のここがよかった」と思うことがあればどんどん取り入れて自分の説明レベルを上げてください。

※最後に全体で共有することを忘れないようにします。

▼実践のポイント

この授業では，協同学習でいうところの「お話テープレコーダー」という技法を取り入れていますが，どの学年・どの教科においても汎用性のある活動です[13]。教室には「計算は得意だけど説明は苦手」とつぶやく子も少なくありません。しかし「お話テープレコーダー」の技法に基づいて，**「友達のまねをする」**という活動を組み込むことによって**「説明をする」**というハードルを下げることができます。

互いに説明し合うだけでなく，必ず相手の説明を確認するところがポイントとなりますが，「お話テープレコーダー」も，先に述べた「特派員」も，教師がある程度，構成的に時間をコントロールできるというメリットがある一方で，時間内に理解できない子も当然出てきてしまいます。よって，自由進度学習や，アメリカの CAST が提唱している「Universal Design for Learning（UDL）」のような学習形態を併せて実施することで学力を補完できるようにしていく必要があります。ここではそれらの学習方法については触れませんが，関連する書籍を載せておきますので，興味のある方はぜひとも参考にしていただけたらと思います[14, 15]。

算数の授業に限ったことではありませんが，このような活動を成功させる上で重要なのは，**人間関係が良好であること**です。しんどい学級を担任したことのある方はおわかりいただけるかと思いますが「あの子は友達だから積極的に教えるけど，あの子は苦手だから教えない」という雰囲気のある学級ではこのような学習は成立しません。だからこそ，クラス会議のみならず，日々の授業で関係性を築いていくことが大切なのです。

かつて担任をもった学級では，「苦手な算数を克服したい」ということがクラス会議の議題になったこともあります。その話し合い後，変わったのは議題提案者の子ではなく，その子を取り巻く周囲の子どもたちでした。算数の協同場面において寄り添う姿が見られるようになりました。こうしたことは両教科がもつ特性を関連させるからこそ得られるよさだと思います。

4 実践例：クラス会議×社会の親和性

　ここからは，クラス会議と社会の授業との親和性についてお伝えしていきます。社会の授業は，その必要性が指摘されながらも子どもたちから人気が得られないという指摘があります（ベネッセ教育総合研究所，2017）[16]。社会科の問題点として，授業方法が形骸化していることや，意欲・学力の個人差の問題が指摘されています[17]。このような背景をもとに改訂された小学校学習指導要領の社会編には以下のように示されています。

　社会的な見方・考え方を働かせ，課題を追究したり解決したりする活動を通して，グローバル化する国際社会に主体的に生きる平和で民主的な国家及び社会の形成者に必要な公民としての資質・能力の基礎を次のとおり育成することを目指す。

(1)　地域や我が国の国土の地理的環境，現代社会の仕組みや働き，地域や我が国の歴史や伝統と文化を通して社会生活について理解するとともに，様々な資料や調査活動を通して情報を適切に調べまとめる技能を身に付けるようにする。

(2)　社会的事象の特色や相互の関連，意味を多角的に考えたり，社会に見られる課題を把握して，その解決に向けて社会への関わり方を選択・判断したりする力，考えたことや選択・判断したことを適切に表現する力を養う。

(3)　社会的事象について，よりよい社会を考え主体的に問題解決しようとする態度を養うとともに，多角的な思考や理解を通して，地域社会に対する誇りと愛情，地域社会の一員としての自覚，我が国の国土と歴史に対する愛情，我が国の将来を担う国民としての自覚，世界の国々の人々と共に生きていくことの大切さについての自覚などを養う。

　ここでポイントとなるのは「情報を適切に調べまとめる技能を身に付ける」「社会的事象の特色や相互の関連，意味を多角的に考えたり」「多角的な

思考や理解を通して」のあたりでしょうか。つまり，様々な見方を知り，自分の考えをもてるようにしていく必要性が指摘されているのです。

　また，学習指導要領の「(1)改訂の趣旨」を概観すると「実社会で働く人々が連携・協働して社会に見られる課題を解決している姿を調べたり，実社会の人々の話を聞いたりする活動の一層の充実が期待される」「教科の内容に関係する専門家や関係諸機関等と円滑な連携・協働を図り，社会との関わりを意識して課題を追究したり解決したりする活動を充実させること」とあります。つまり，図34のように学校内における「子ども－子ども」「子ども－教師」の関係に留まることなく，外部の大人とのつながりを保障し，社会に向かうことのできる子を育成したいということです。しかし，1章でも「学びのドーナッツ論」をもとにお伝えしましたが，「社会」と「子どもたち」をつなぐことはかなりハードルが高いことです。だからこそ，その前提条件として，社会の授業においても**身近な他者との協同の中で自身の見方や考え方を広げながら使える学力を身につけていくことが大切になってくる**ということがいえそうです。そしてその協同を支えるための関係づくりをクラス会議でも補っていくことがポイントになります。

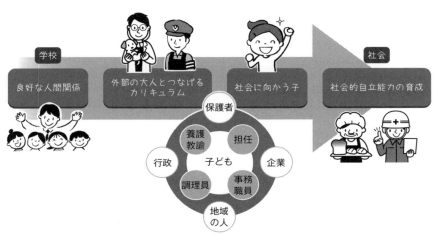

図34　個の社会的自立能力育成に向けたイメージ

| 小学5年生 | 我が国の工業生産 |

　5年生で学ぶことになる「我が国の工業生産」の指導例を示したいと思います[18]。本単元は，世界に誇る日本の自動車工業の学習を通して，自動車生産の工夫や効率のよさ，関連工場との連携や商品開発について学び，工業生産が我が国の国民生活を支える重要な役割を果たしていることを学習します。

　社会科の授業は教科の特性上，1時間で完結するということが難しいため，ここでは単元全体での取り組みを大まかに解説していきたいと思います。

▼授業の流れ（8時間扱い）

① 　資料を提示し，読み取る活動を通して学習問題を設定します。

② 　自分が興味のある自動車メーカーを選択し，調べ学習を行います。

③ 　調べ学習を通して学んだことを交流します。

④ 　自分が考える理想の自動車について考える時間を設けます。

⑤ 　自分の考えた理想の自動車についてプレゼンします。

⑥ 　全体で共有してまとめの時間にします。

▽授業展開モデル（1時間目）

教　師：今日から自動車について学習をしていきます。みなさんの生活の中で自動車を使う場面はありますか。

子ども：買い物や塾の送り迎えで使います。

教　師：それでは，みなさんの生活の中で「自動車を使うタイミング」について考えてみましょう。まずは自分一人でノートに書き出します。次にペアで話し合って考えを合わせます。最後にペアとペアでグループをつくってリストアップしていきます。それではどうぞ。

※ここで，自動車を使う場面について，できるだけ多くの考えや情報を集めるのに効果的とされている協同学習の技法「雪だま転がし」を使って意見

を出し合います。
子ども：買い物とか送り迎えだけじゃなくて，旅行でも使うね。
子ども：校外学習とか出かけるときにバスに乗ることもあるよね。
子ども：救急車や消防車，パトカーも自動車だよね。
※このように，個人→ペア→グループへと広げていくことによって，より情報を増やしていくようにします。また，グループでいくつリストが集まったか数え，一人で考えた数と比べてどのぐらい増えたかわかるようにすることで協同の価値を実感できるようにします。協同の価値は，クラス会議場面でも伝えていくことで子どもたちが話し合いに臨む姿勢が変わってくるでしょう。
教　師：私たちの生活にはたくさんの所で自動車が使われているようですね。そんな自動車大国の日本ですが，日本は世界屈指の自動車生産国であり，かつては世界1位でしたが現在は世界第3位の生産数を誇っているようですね（教科書の資料を確認しながら）。
子ども：なんだ，1位じゃないのか。残念だな。
子ども：今は3位まで下がっちゃったのか。
教　師：それでは，次にこちらの資料を見てください[19]。
※日本の自動車生産は，不具合が少なく，世界から一目置かれていることに気づかせるようにします。
※このような資料は，クラスの共有ドライブにアップしておくと資料の読み取りがスムーズになります。
子ども：日本の自動車メーカーばかりがランクインしているね。
子ども：やっぱり，日本の

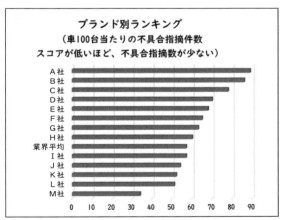

　　　　自動車ってすごいんだね。
※この後，子どもたちは「日本の自動車生産について調べてみたい」という意欲を高め，「どうして日本の自動車は不具合が少ないのか」と，「自分たちの問題」を成立させ，追究することになりました。

▽授業展開モデル（2～3時間目）
教　師：それでは，この時間からは自分たちの問題意識や興味・関心にもとづいて調べ学習を行っていきましょう。

※ここで実際に，自動車工場に足を運びたいところでしたが，この実践を行ったときはコロナ禍の影響から，工場見学をすることができませんでした。そこで，本実践では各自動車メーカーが行っているバーチャル工場見学の動画を視聴しました。

※直接，工場まで出向かなくても，レクサスやスバル，日産などは動画提供を行っています。そこで，興味のあるメーカーを自己選択し，自分に合った方法で見学できるようにしました。

※まとめ方についても自分に合った方法を選択できるようにします。ノートでまとめる子やスライドでまとめる子など様々でした（図35）。

※また，調べ学習の時間には自由に交流できるようすることで非構成的な協同があちこちで行われるようになります。「この動画一緒に見てもいい？」「この写真，私も使いたいからエアドロ（AirDropの略）で送ってくれる？」「このまとめ方，まねしてもいい？」などの声が聞こえてきます。教師はこのような必然的な協同をフィードバックし，強化していきます。

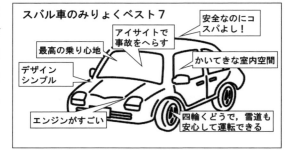

図35　子どもによって作成されたまとめスライド

▽授業展開モデル（4時間目）

教　師：それでは，バーチャル工場見学を通して調べたことを伝え合います。メーカーごとに分かれて，違いや共通点を見つけるようにしてください（先述したジグソー学習を行います）。

※全員が専門家であるという意識をもたせてから活動に臨むようにします。また，「リアクションをする」「全員が話せるようにする」など，クラス会議を通して培った対人技能を話し合いのポイントとして示しておきます。

※子どもたちは，メーカーごとの自動車のデザインや，機能面の違いについて伝え合う中で「人々の安心・安全を保障する車づくり」や「環境への配慮」などの共通点があることにも気づきはじめます。

※交流後の共有では，どの自動車メーカーにも共通していることをまとめて「これからの自動車づくりには，人々のどのような想いや願いを込めることが必要か説明できるようになる」が新たな課題として設定されました。

▽授業展開モデル（5～8時間目）

教　師：今日の学習の課題は「これからの自動車づくりには，人々のどのような想いや願いを込めることが必要か説明できるようになる」です。みなさんがエンジニアになったつもりで理想の自動車を開発してください。

子ども：なんだかおもしろそう。

子ども：まずは何をすればいいですか。

教　師：これからの自動車づくりで大切だと思うことを3つ以上書き，提案した内容を1つ選んで友達と先生にわかりやすく説明できるようにしてください。

※前時に設定した課題をもとに，自分が考える理想の自動車について考え，まとめる時間とします。KeynoteやPowerPointを使ってまとめる子が多くいましたが，自分たちで選べるようにします。

※子どもたちは，これまでの学びを振り返りながら，教科書や資料集，タブ

4章　クラス会議×教科で考える「授業デザイン」　109

レット端末（インターネット）を活用してまとめていきます。バーチャル工場見学で活用した動画を再度視聴しながらまとめる姿や，必要に応じてペアやグループになって調べ，情報をシェアする姿も多く見られました（図36）。

※スライド完成後の7～8時間目には，タブレット端末をもって自分の考えた自動車についてプレゼンを行います。ここでは協同学習「ラウンドテーブル」の技法を用いました。これは，1人の発表者に対して，数名の参加者が囲んで自由に意見を交換する技法です。「環境に配慮した自動車を開発し，排気ガスを削減する」「自動運転の技術を進歩させて，事故をなくす」など未来の自動車像について互いにアイデアを紹介してコメントし合い，振り返りをして授業を終えました。

図36　調べた情報をシェアする子どもたち

▼**実践のポイント**

　この単元は，問題解決的な学習展開を構想し，子どもたちの意識や言葉を手がかりとして進めていきました。そして大きな問題解決的な展開の中に，「個別最適な学び」と「協働的な学び」を一体的に位置づけていきました。「協働的な学び」の中には，協同学習の技法「雪だま転がし」や「ジグソー」「ラウンドテーブル」を組み合わせています。

　この実践時はコロナ禍によって実現しなかったものの，作成したスライドや学習成果物を，実際に自動車産業に携わる方にプレゼンする機会を設けることによって，より社会への関心を広げることも可能です。しかし，スライドを作成しプレゼンテーションを行うにしても，**誰をターゲットにするのかという相手意識をもてるようにしていくことが大切です。**

　学校現場においても単元終末に，低学年の子に学んだことを伝えようという学習展開や，小・中学校連携の過程の中で，中学生が小学生にプレゼンするというような活動をよく目にします。「相手に伝える」ということは，独りよがりの発表では意味がありません。相手の興味をひいて，納得してもらえて，相手に妥当だと思ってもらえるか検討し，相手の視点から自らのプレゼンや学習成果を振り返る必要があります。

5 実践例：クラス会議×理科の親和性

　ここからは，クラス会議と理科の授業との親和性についてお伝えしていきます。小学校学習指導要領では以下のように示されています。

　自然に親しみ，理科の見方・考え方を働かせ，見通しをもって観察，実験を行うことなどを通して，自然の事物・現象についての問題を科学的に解決するために必要な資質・能力を次のとおり育成することを目指す。
(1)　自然の事物・現象についての理解を図り，観察，実験などに関する基本的な技能を身に付けるようにする。
(2)　観察，実験などを行い，問題解決の力を養う。
(3)　自然を愛する心情や主体的に問題解決しようとする態度を養う。

　ここでポイントとなるのは「理科の見方・考え方を働かせ」のあたりでしょうか。先に述べた社会科の目標にも「社会的な見方・考え方を働かせ」と似通った目標が設定されていることからも多様な考え方に触れることの必要性が見て取れます。つまり，理科の授業においても**様々な見方を知り，自分の考えをもてるようにしていくために協同して学ぶことが効果的**であると考えられます。

　理科の授業は，生活経験や活動の中から問題を発見して，予想して，実験方法を考えて，実際に実験をして，結果を整理する，といった一連の流れで行われていることはおわかりだと思います。小学校理科では，この問題解決の過程の各場面で，何を大切にし，何をするのかについて子ども自身が理解した上で，主体的に自分の問題を解決していくことを「問題解決」といいます。とはいえ，主体的に自分自身で問題解決できるのは理想的な姿であり，小学生の段階で最初から主体的に問題解決するというのは困難なことではないでしょうか。だからこそ，他者とのかかわりの中で学び合うという展開が求められるのです。

| 小学6年生 | ものの燃え方 |

　ここからは6年生で学ぶことになる「もののの燃え方」の指導例を示したいと思います。本単元では質的・実体的な見方を働かせて，空気（主に酸素や二酸化炭素）の存在に着目して自然事象を捉えることが大切です。実体的な見方を働かせて，目には見えない空気の存在を意識したり，物が燃える前と後の空気の変化を捉えようとしたりするなど，見方・考え方を意識的に働かせた問題解決を促すようにします。見方・考え方を意識的に働かせた問題解決を行う際には，クラス会議で学んだスキルが発揮されることが望ましいでしょう。

　それでは，社会科の授業デザインと同様，単元全体での取り組みを大まかに解説していきたいと思います。

▼授業の流れ（9時間扱い）

① 総合的な学習との関連から「火を上手におこし，薪を燃やし続けるにはどうしたらよいか」という課題を設定します。
② 薪に見立てた割りばしをよく燃やすためにはどのようにしたらよいか計画を立てて実験します。
③ 割りばしを燃やす前と後の空気の違いについて考えます。
④ 酸素の少ないところで割りばしを燃やしたらどうなるか実験します。
⑤ もののの燃え方についてわかったことをまとめます。
⑥ 全体で共有してまとめの時間にします。

▽授業展開モデル（1～2時間目）

教　師：今日から「もののの燃え方」について学習をしていきます。みなさんがこの単元をマスターしたところで，総合的な学習で学んでいる「ヤマサのちくわ」を焼いてもらおうと思います。

4章　クラス会議×教科で考える「授業デザイン」　113

子ども：楽しそう。
教　師：それでは，野外活動の経験を生かしながら「火おこし」の練習をしましょう。
※ここで，一斗缶を利用して火おこしの練習をしますが，その手順と火の様子をタブレット端末で録画します。
子ども：息を吹きかけたり，うちわであおいだりしたら火が強くなったよ。
子ども：あれ？　薪はまだ残っているのに途中で火が消えてしまったよ。
子ども：どうしたら一斗缶の中で薪を燃やし続けられるかな？
教　師：それでは，次の時間から，鉄板を乗せた後も薪を燃やし続ける方法について考えていきましょう。
※この後，子どもたちは「薪を燃やし続けたい」という想いを高め，「ものの燃え方について詳しく調べて，まきが燃え続ける一斗缶をつくるにはどのようにしたらよいだろうか」と，「自分たちの課題」を成立させ，追究することになりました。

▽授業展開モデル（３〜４時間目）

教　師：それではこの時間からは，ものが燃え続けるには，どうしたらよいのか考えていきましょう。
※ここからは，図37のようなペットボトルを活用したコンロモデルを使い，ものが長く燃え続けるための工夫を考えていきました。ペットボトル，ろうそく，

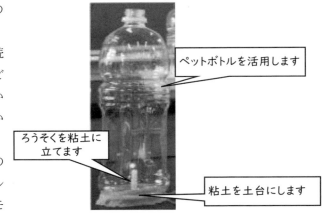

図37　実践で活用したコンロモデル

114

粘土だけで作成できるので，準備に手間がかからないことに加えて，１人
１実験が可能になります。

※燃え方の様子や記録についてはタブレット端末を利用して録画するように
します。また，まとめ方についても自分に合った方法を選択できるように
します。このときは撮影した動画をキャプションして，スライドでまとめ
る子がほとんどでした。

子ども：ものが燃え続けるには新しい空気が必要だと思います。

子ども：ペットボトルの穴の大きさを変えたり，穴の位置を変えたりすると
　　　　燃え方に変化がありました。

▽授業展開モデル（５時間目）

教　師：それでは，実験してみて調べたことを伝え合います。ペットボトル
　　　　の「穴を開けなかった人」「穴を大きく開けた人」「穴の位置を変え
　　　　た人」に分かれて，違いや，共通点を見つけるようにしてください
　　　　（先述した協同学習の技法「１・２・３・４」を利用します）。

※全員が専門家であるという意識をもたせてから活動に臨むようにします。
また，「リアクションをする」「全員が話せるようにする」など，クラス会
議を通して培った対人技能を話し合いのポイントとして示しておきます。

※子どもたちは，話し合いを通して，「空気が十分に入るための穴が必要で
あること」や「空気が入る穴と出る穴，空気の通り道が必要であること」
に気づきはじめます。

※交流後には，「穴から入った空気はどのように動いているのかな」という
疑問をもち，線香の煙を使って，空気の流れを確かめていきました。その
後は「空気が入らないと，どうして火は消えてしまうんだろう」が新たな
課題として設定されることとなりました。

※線香の煙を使って，空気の流れを確かめる際にも端末の録画機能を使いま
す。また，端末によっては録画したデータをスローで再生することが可能
なものもあるため，活用するとよいでしょう。

４章　クラス会議×教科で考える「授業デザイン」　115

▽授業展開モデル（6〜7時間目）

教　師：今日の学習の課題は「ものを燃やす前と後の空気にはどのような違いがあるか全員が説明できるようになる」です。みなさんがちくわを焼けるようになるまであと少しです。

※石灰水や気体検知管を用いて実験を行います。

※実験を行う前には予想をしますが，端末に打ち込むこともノートにまとめることもよしとします。提出を求める場合には，ノートを写真で撮って提出するように求めます。

子ども：酸素が減ったから，酸素を使って燃えたと思います。

子ども：ものを燃やすためには酸素が必要だとわかりました。

▽授業展開モデル（8〜9時間目）

※単元を通して学んだことをもとに，ものの燃え方についてわかったことを動画でまとめるようにしました。具体的には以下の手順を踏まえました。

---

① 　タブレット端末に撮りためた実験動画を活用します（Keynote で学習内容をまとめてスライド化する子もいました）。

② 　実験動画やスライドショーに自分でしゃべって解説を入れます。

③ 　動画にエクスポートして，iMovie で編集します（テロップを入れる子や BGM を入れる子がいました）。

④ 　完成した動画を互いに見せ合います。

※動画の交流後には振り返りをして授業を終えました。

※単元の最初には単元計画表や単元内において活用するであろう実験器具や方法をリストアップしたものを渡しておくと，学習が円滑に進みます。

▼実践のポイント

　この単元は，地域の名産品である「『ヤマサのちくわ』を上手に焼こう」というゴールを設定し，理科の学習だけでなく，総合的な学習や学級活動（クラス会議）をセットで実施しました（図38）。

　紙面の都合上，割愛したところもありますが，総合的な学習でゲストティーチャーから「ヤマサのちくわ」の歴史について学び，理科の授業でものが燃える仕組みについて学び，その学びを生かして自分たちで火をおこしてちくわを焼きます。そして，ゲストティーチャーに感謝を伝える方法をクラス会議で話し合って決めるというような構想をしました。子どもたちの意識や言葉を手がかりに問題解決的な学習展開を構想し，先に述べた社会科の実践と同様，大きな問題解決的な展開の中に，「個別最適な学び」と「協働的な学び」を一体的に位置づけていきました。

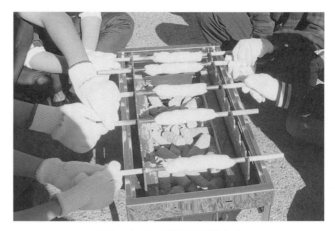

図38　ちくわを焼く子どもたち

　最終的に子どもたちは，「感謝の手紙」「地域の特産品をポスターにまとめる」の2つの活動に取り組むことを決めました。「感謝の手紙」を渡す対象は大人，「地域の特産品をポスター」にまとめて伝える相手は，自分の保護者や下級生にあたります。「誰に」「何を」「どのように」伝えていくかという相手意識がなければ独りよがりの活動になりかねません。だからこそ，**相手意識に基づくコミュニケーション能力を，カリキュラム全体を通して身につけられるようにしていくことで，本当の意味で，社会に出たとき，生きて働く能力として発揮される**のです。

4章　クラス会議×教科で考える「授業デザイン」　117

6 実践例：クラス会議×特別の教科　道徳の親和性

　ここからは，クラス会議と道徳の授業との親和性についてお伝えします。教科化に伴って「考え，議論する道徳」が求められていますが，その方向性について小学校学習指導要領では，以下のように示されています。

> 　第1章総則の第1の2の(2)に示す道徳教育の目標に基づき，よりよく生きるための基盤となる道徳性を養うため，道徳的諸価値についての理解を基に，自己を見つめ，物事を多面的・多角的に考え，自己の生き方についての考えを深める学習を通して，道徳的な判断力，心情，実践意欲と態度を育てる。

　ここでポイントとなるのは「よりよく生きるための基盤となる道徳性を養う」「物事を多面的・多角的に考え，自己の生き方についての考えを深める」のあたりでしょうか。先に述べた社会科の目標にも「多面的・多角的に考察すること」と，似通った目標が設定されていることから，多様な考え方に触れることの重要性が見て取れます。両教科ともその教科の特性上，一概に同様の括りにすることはできませんが，**道徳科の授業においても様々な見方を知り，自分の考えをもてるようにしていくために他者とのかかわりの中で学ぶことが効果的**であると考えられます。それでは，多面的・多角的に考え，議論する道徳はどのように実現するのでしょうか。

　道徳教育の研究者である荒木（2017）は図39を示しながら「議論が成り立つためには，まず人間関係ありき」であると指摘しています[20]。当然ですが，会話ができない人は，対話ができないし，ましてや議論なんかしたら喧嘩になってしまいます。学級内の人間関係が不十分なまま議論が行われたり，ましてや論理の一貫性で相手を負かしていくといった，自分の主義主張を押し通していくような「相手を論破する道徳」になったりしてしまっては，「他者とともによりよく生きるための基盤となる道徳性を養う」ことを目的としている道徳教育の実現は難しくなります。つまり，**良好な人間関係の中でこ**

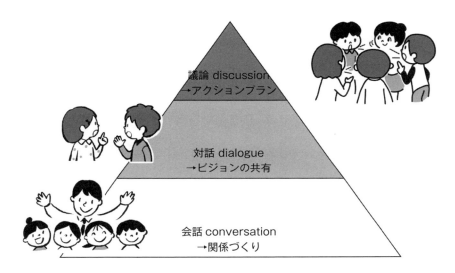

図39 会話から議論に向かうイメージ（荒木，2017をもとに）

そ，議論が成り立ち，道徳性が養われていくということになります。

また，上記の目標に加えて学習指導要領解説には以下のように示されています。

> 道徳科が目指すものは，学校の教育活動全体を通じて行う道徳教育の目標と同様によりよく生きるための基盤となる道徳性を養うことである。その中で，道徳科が学校の教育活動全体を通じて行う道徳教育の要としての役割を果たすことができるよう，計画的，発展的な指導を行うことが重要である。

ここでポイントとなるのは「道徳科が学校の教育活動全体を通じて行う道徳教育の要としての役割を果たすこと」の部分です。このことを解釈するときに河村（2017）による「学級経営の範囲」を参考にするとわかりやすいでしょう（図40）[21]。

図40を見ていくと，「学級経営」は，授業や生徒指導，教育相談や進路指導のように，学校における全ての時間を通じて行われるものであることが見

4章　クラス会議×教科で考える「授業デザイン」　119

て取れます。このことは「学級における指導の総体」と表現されることがありますが[22]、「学級経営」が学級担任の全ての仕事にかかわる用語であることについてはみなさんも異論はないでしょう。しかし、ここで注目したいのは、**道徳科も全教育活動を通じて行われることが基本原理とされている**点です。

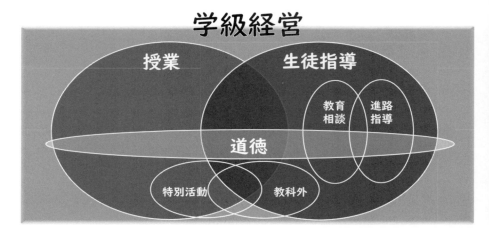

図40　学級経営の範囲（河村，2017をもとに）

　理科の学習で濃度の計算をするには、算数の比率の知識や計算力が必要ですし、根本的なところでは、国語は各教科の読み書きのベースとなっています。このように教科間では相互にかかわりがありますが、道徳科は全ての教育活動に渡って行うことが求められています。したがって、教育課程内である各教科や特別活動のような領域、さらには教育課程外である清掃、給食、部活動等、全てにおいて道徳教育を行うことになります。このように教育活動全体を通じて行うからこそ「特別の教科　道徳」と呼ばれているのです[23]。まさにカリキュラム・マネジメントの視点が求められる教科なのです。

　それでは学級経営でつなぐカリキュラム・マネジメントにおいて道徳の授業をどのように位置づけていくことが教育的効果の最大化につながっていくのでしょうか。効果的であった実践を紹介したいと思います。

| 小学2年生 | およげない　りすさん |

　2年生「B友情，信頼」の教材「およげない　りすさん」の指導例です。定番教材であることに加えて，文部科学省による「わたしたちの道徳　小学校1・2年」に掲載されているものになりますので，ここでは教材概要については省略したいと思います[24]。

　道徳の授業については，以下に示す主な授業の流れのフォーマットで行うことが多くあります。また，クラス会議で話し合ったことや，学級活動の中で話題になったことを話題にし，つながりを意識できるようにします。

▼授業の流れ……………………………………………………………………………
①　「友だちだから～できる」（～の中を考えます）。
②　教材の範読を行います。
③　「はじめ」と「あと」の関係性を比較します。
④　必要に応じて問い返しを行います。
⑤　再度，「友だちだから～できる」（～の中を考えます）。
⑥　授業の振り返りをします。
……………………………………………………………………………………………

▽授業展開モデル
教　師：今日の授業では友達について考えます（「友だちだから～できる」と黒板に書きます）。
教　師：みなさん「～」の中に何を入れますか。それでは，隣の人に伝えてみてください（ペアトーク）。
※隣同士で話し合いができているか確認し，ペアトーク後に発言を促します。
子ども：一緒に遊べます。
子ども：一緒に話せます。
子ども：一緒に勉強できます。

4章　クラス会議×教科で考える「授業デザイン」　121

教　師：なるほど。「一緒に」というのがポイントなのかもしれませんね。今日の教材は「およげない　りすさん」です。それではお話を読みますのでよく聞いていてください。

※必要に応じて，「『はじめの一緒』と『あとの一緒』どちらの『一緒』が素敵かな」と範読を聞く視点をもたせるようにします。また，範読後には何人かの子にお話を聞いた感想を問います。

子ども：「はじめ」は，仲が悪かったけど，「あと」は仲良しになれました。

子ども：「はじめ」は，りすさんが嫌な思いをしていたけど，「あと」は一緒に楽しく島に行けてよかったです。

教　師：なるほど。でも，「はじめ」にも「あと」にもどちらも「一緒」があるよ。みんなはどちらの「一緒」が好きかな。

子ども：「あとの一緒」がいいです。りすさんも含めて仲良しだからです。

子ども：絶対に「あとの一緒」がいいです。みんなで仲良くする方が楽しいからです。

教　師：でも，りすさんは泳ぐことが苦手だから，無理に連れて行ったら怖がってしまわないかな。だったら，はじめの3匹で島に行った方がもっと楽しいんじゃないかな。

※あえて批判的な視点から問い返します。

子ども：先生に反対です。3匹で遊んでいても楽しくありません。

子ども：りすさん怖いんだったら，泳げる動物たちが背中に乗せてあげればいいと思います。

子ども：りすさんがいるからこそ，いつもと違っていろいろと工夫して遊べるようになるんだよ。

教　師：なるほど。それでは「あとの一緒」をこのクラスでも意識したらどのようなことができるかな。

子ども：勉強とか遊びとか，なんでも一人ではできないことができるようになると思います。

子ども：みんなで助け合ってパワーアップし合えるクラスになると思います。

教　師：今日は友達について考えましたが（再度，「友だちだから〜できる」と黒板に書きます），今だったら，みなさん「〜」の中に何を入れますか。

子ども：一人ではできないことができるようになると思います。

子ども：協力することが楽しくなると思います。

※この後は，話し合いのよかったところを教師がフィードバックし，振り返りの時間としました。

▼ 実践のポイント

　筆者が飛び込みで授業をさせていただいた事例ですが，子どもたちは本時の授業を通して「友達と一緒に何かをすることのよさ」を見つけ出しました。この話し合い後，「『およげない　りすさん』みたいに，休み時間に何かをしたい」という提案用紙が議題箱に投函され，クラス会議で話し合うことになったそうです。そのクラス会議では，「みんなが自分の得意なことを活かして笑顔いっぱいになる」というスローガンのもと，クラス遊びが計画され，実行していったという嬉しい報告をいただきました。

　このように日常の１コマを見逃すことなく，考えようとする芽を育てていくことによって，学級活動の中でこそ道徳的な実践力を育んでいくことが可能になるのではないでしょうか。子どもたちにとって，道徳の授業でその価値を学んだとしても，学んだことをそのままにしてしまっては定着することはありません。だからこそ，**子どもたちにとって社会に出るための練習の場となる学級の中で学んだことを発揮できるようにしていくことが大切です**。また，価値を見出し，実践するだけでは子どもたちのモチベーションは続きません。教師は，「道徳の授業で学んだことがクラス会議でも意識できていたね」「クラス会議で学んだ聴き方が道徳の授業でも活かせていたね」のようにフィードバックすることで汎化していきます。

4章　クラス会議×教科で考える「授業デザイン」　123

| 小学5年生 | ブランコ乗りとピエロ |

　5年生「B相互理解，寛容」の教材「ブランコ乗りとピエロ」の指導例です。この教材も定番教材であることに加えて，文部科学省による「私たちの道徳　小学校5・6年」に掲載されているものになりますので，ここでは教材概要については省略したいと思います[25]。

　ここでは，本章の冒頭でも取りあげたクラス会議「みんなで楽しめるお楽しみ会を計画しよう」の話し合い後に実践した道徳の授業を取りあげます。クラス会議後，お楽しみ会が実施されましたが，実際にはいくつかのトラブルが起こっていました。「自分の意見を通したい」という想いから意見が異なる友達といざこざが起きてしまったというわけです。そこで以下のような授業を実施することにきめました。

▼授業の流れ

① 「意見が合わない人とかかわるためにどうするか」について考えます。
② 教材の範読を行います。
③ 最初と最後の関係性を比較し，どちらがよりよい関係か考えます。
④ 必要に応じて問い返しを行います。
⑤ 再度「意見が合わない人とかかわるためにどうするか」について考えます。
⑥ 授業の振り返りをします。

▽授業展開モデル

教　師：今日の授業では「意見が合わない人とかかわるためにどうするか」について考えます。

教　師：みなさんは意見が合わない人とかかわるときどのようなことを意識していますか。

子ども：トラブルにならないように相手に合わせてしまいます。

子ども：なるべくかかわらないようにしています。

教　師：なるほど。意見が合わない人とかかわるのは難しいことかもしれませんね。今日の教材は「ブランコ乗りとピエロ」です。それではお話を読みますのでよく聞いていてください。

※必要に応じて「このお話から意見が合わない人とかかわるためのヒントを見つけてくださいね」と視点をもたせてから範読します。また，範読後には何人かの子にお話を聞いた感想を問います。

子ども：最初は，仲の悪いサムとピエロだったけど，最後は仲良しになりました。

子ども：どちらも目立ちたいって思っていたけど，最後はお互いに認め合える関係になったと思います。

教　師：なるほど。2人は本当に仲良くなれたのかな。苦手だから意見を合わせているだけなんじゃないかな。

※導入時の子どもの意見を生かしながら問い返します。

子ども：仲良くなったというか，よいライバルになったんだと思います。

子ども：「自分が目立ちたい」から「みんなで目立ちたい」というように考え方が変わったんだと思います。

子ども：お互いに見方を変えて，いいところを見ようとしたからわかり合えたんだと思います。

教　師：今日の授業では「意見が合わない人とかかわるためにどうするか」について考えましたが，今だったらどのように考えますか。

子ども：意見が合わなかったとしてもみんなで話し合うことが大事だと思いました。

子ども：苦手だと思っていても，長所は絶対にあるからそこを見逃さないようにしたいと思います。

子ども：よさを生かし合えれば，もっといいクラスになると思いました。

4章　クラス会議×教科で考える「授業デザイン」　125

▼ 実践のポイント

　子どもたちは本時の授業を通して「意見が合わない人とかかわろうとするからこそ得られるよさがある」という答えを見つけ出しました。クラス会議を通してきまったことを実践していくと，うまくいかないことが頻繁に起こります。そこで，一歩立ち止まって道徳の授業で考える時間を設けるようにします。次の挑戦に向けて充電できるようにするためです。

　このように，道徳の授業で価値を学び，活動へのモチベーションを高め，よりよい学級集団としてのあり方を見据えられるようにします。そして，よいよい集団像を実現するために，今度は，その方法をクラス会議で考え，実践できるようにしていくという流れを続けていくようにします。図41のようなシステムで機能していたこの活動は，かつて筆者が担任した学級では「クラスミーティング」と子どもたちによって名づけられていました（クラス会議と意味合いは同じですが，子どもたちは差別化していたようです）。その価値やよさを子どもたちが実感していたからこそではないかと思います。

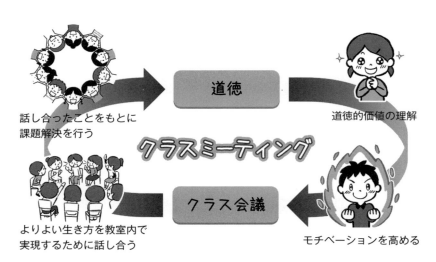

図41　クラス会議と道徳の授業の一体化

引用文献

1 　平和博『チャット GPT vs. 人類』文藝春秋，2023

2 　坂本芳明「小学校国語教育の課題」北海道文教大学論集⑿，pp.39-48，2011

3 　みんなの教育技術「実践事例　尾道市立栗原北小学校　学校全体で学級経営×国語科の研究×異学年交流を推進【不登校，コロナダメージを克服するために　今こそ，学校全体で『学級経営』を！#03】」2023

4 　ジョージ・ジェイコブズ，ロー・ワン・イン，マイケル・パワー／関田一彦監訳『先生のためのアイディアブック　協同学習の基本原則とテクニック』日本協同教育学会，2006

5 　東洋経済 education × ICT 編集チーム「連載　子どもが自ら学び出す「協同学習」超重要な 4 前提　低学年も生き生きとプロジェクトを企画運営」東洋経済 ONLINE，2021

6 　大前暁政『子どもを自立へ導く学級経営ピラミッド』明治図書出版，2015

7 　石川晋，佐内信之，阿部隆幸編著『協同学習でどの子も輝く学級をつくる』学事出版，2013

8 　前掲 4

9 　産経新聞「国際学力調査，日本は読解力 3 位に改善　数学・科学も高水準『世界トップレベル』」2023

10　佐々木潤『個別最適な学び×協働的な学び× ICT 入門』明治図書出版，2022

11　長崎榮三，瀬沼花子「IEA 調査にみる我が国の算数・数学の学力」静岡大学学術リポジトリ，pp.43-77，2012

12　糸井登編著『言語活動が充実するおもしろ授業デザイン集　中学年』学事出版，2014

13　前掲 7

14　蓑手章吾『子どもが自ら学び出す！　自由進度学習のはじめかた』学陽書房，2021

15　難波駿『超具体！　自由進度学習はじめの 1 歩』東洋館出版社，2023

16　ベネッセ教育総合研究所「25年間で子どもの好きな教科はどう変わった？」ベネッセ教育情報，2017

17　奥野武志「小学校社会科におけるアクティブ・ラーニングの問題点　中央教育審議会での議論から」早稲田大学　教育・総合科学学術院，学術研究（人文科学・社会科学編），第66号，pp.15-31，2018

18　水流卓哉「 6 　【授業最前線】確かな学力を保障する！　多様な学びを活かした授業プラン　小学校 　5 年　【我が国の工業生産】「個別最適な学び」と「協働的な学び」の一体的な充実を図る学習展開」『社会科教育』2023年 1 月号，明治図書出版，2022

19　J.D. パワージャパン「日本自動車商品魅力度調査 ブランド別ランキング」2021

20　荒木寿友「世界一わかりやすい道徳の授業づくり講座(5)　考え，議論する道徳に変えるためには？〈2〉　議論と対話，何が違う？」明治図書 ONLINE，2017

21　河村茂雄『アクティブラーニングを成立させる学級づくり』誠信書房，2017

22　白松賢『学級経営の教科書』東洋館出版社，2017

23 富岡栄「質問2 『特別の教科 道徳』の『特別の教科』って，なに？」光村図書，2017
24 文部科学省「わたしたちの道徳 小学校1・2年」2014
25 文部科学省「私たちの道徳 小学校5・6年」2014

「コミュニケーション能力5.0」を目指す学級づくり

5章

1 実はすごいぞ，フィードバック！

　ここまで学級経営でつなぐカリキュラム・マネジメントにおける，具体的な手立てについて述べてきましたが，ご理解いただけたでしょうか。ここからは，カリキュラム・マネジメントを通してより効果的であると考えられる教師のアプローチについていくつか紹介していきます。「効果的なアプローチ」と聞くと，「なんだか高度で難しいことなのかな……」と思わせてしまいそうですが，シンプルでありながら，教師として大切なポイントをまとめましたのでお読みいただけたらと思います。

　まず，はじめに紹介するアプローチは「教師によるフィードバック」です。ここまで何度も登場していたワードなので，「何だ，そんなことか」と思われるかもしれませんが，実は教育的効果を高めていく上では欠かせないものです。学級経営でつなぐカリキュラム・マネジメントのように大きな括りの中で実践を導入しようとすると，最初はその意味や価値，コミュニケーション能力を高めていく必要性を子どもたちに丁寧に伝えていく必要があります。「子どもたちを手のひらの上で動かしたい」という思惑や，**こちらの策略をブラックボックスにしまい，教師が主導権を握った状態では，子どもたちの本当の主体性は発揮されません**。そこで，教師は子どもたちに目標や活動を伝えて終えるのではなく，その活動や子どもがとった行動に対してフィードバックをしていくことが求められます。

　フィードバック研究については相対的に数が少ないことが指摘されています[1]。フィードバックは主に「評価」としての役割を担ってきました[2]。ですが，それだけでなく学習者に対して大きな影響を与えるものであるということも明らかにされています。例えば，体育の授業において教師が積極的にフィードバックしたことで，子どもたちの運動に向かう自主性・自発性が高まったことが実証されています[3]。子どもの技能や運動に対する有能感が高まったことも確認されています[4]。こうして見ていくと，どんな発問・指示をすれば子どもがよく動くだろうかと考えることよりも，教師が子どもの動き

を見取り，適切にフィードバックしていくことのほうが子どもたちにとって重要なのかもしれません。子どもが仲間に対して何らかの行動をした後に，教師のフィードバックを受けることで，「これが大事なんだ」「こういう意味があるんだ」と実感でき，子どもの主体性を引き出すことにつながっていくのです（図42）。

　しかし，研修会等でフィードバックに関する内容を扱うと，「フィードバックのタイミングを逃してしまいます」「どのようにフィードバックをしたらよいかわかりません」と質問をいただくこともあります。それでは，フィードバックはどのようにすればよいのでしょうか。本書のカリキュラム・マネジメントの中核となるクラス会議での場面を例にして考えていきたいと思います。

　2章でクラス会議の手順を示しましたが[5]，クラス会議はプログラム化されており，ある程度手順が確立されているものなので，フィードバックするポイントがたくさんあります。

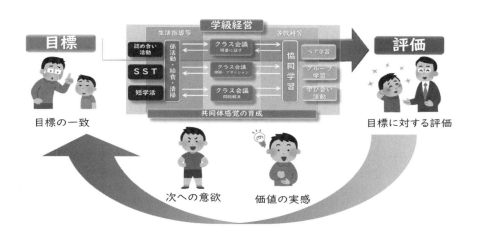

図42　フィードバックのメカニズム（ジョン・ハッティ，2020をもとに）

図43　タブレット端末を活用したフィードバック

　例えば，①輪になるであれば，「友達のことを考えて輪になることができましたね」「欠席した〇〇さんのイスも入れてくれてありがとう」のようにフィードバックできるかと思います。③コンプリメント（肯定感情）の交換であれば，「友達のよさを見つけられた人が増えてきましたね」のようにフィードバックできます。⑤前回の振り返りから⑨解決策の発表と決定までの話し合い活動の時間には，「リアクションしてくれる人がたくさんいると話す人は嬉しいよね」「友達に言葉を届けようとする姿が素敵です」のようにフィードバックできます。また，クラス会議後に⑩解決策の実践をする姿が見られたらそれもフィードバックするとよいでしょう。慣れない方は，相手意識に基づくコミュニケーション能力が発揮されているかをフィードバックの視点として意識するとよいかと思います。このように見ていくと，学校生活の中で子どもたちを価値づけていく瞬間というのはたくさんあるのではないでしょうか。
　また，話し合い活動場面でタブレット端末を活用してフィードバックする

ことも効果的です。これまでの話し合い活動では，子どもたちが話し合っている実際の姿や子どもたちの考えを記録に残しにくいという弱点がありました。しかし，子どもたちが話し合う様子や，その話を聴く姿を教師が写真に撮って，大型テレビやスクリーンの画面に映すことで，「この場面の○○さんの聴く姿が素敵ですね」のように意味づけしながら即時的なフィードバックが可能になります。一般的に，特別支援教育では即時的にフィードバックすることが効果的とされていますが[6]，それは特別支援教育に限ったことではありません。子どものよさはその時々で伝えていかないと，子どもたちが忘れてしまいます。ですが，図44のようにタブレット端末を活用することによって，子どもの消えてしまうよさを残しておいて具体的に価値づけることが可能になります。

　さらに，クラス会議のみならず，学んだ価値・スキル・態度が協同学習や日常生活の中で発揮されたときに「今のクラス会議でも学んだことだよね」「よく覚えていたね。学びをつなげる姿が素敵です」のようにフィードバックすることも有効です。同様に，協同学習や日常生活での学びがクラス会議

図44　タブレット端末を活用したフィードバック

で生かされていたら「この間のグループでの話し合い活動で学んでいたことを生かしている人がたくさんいて嬉しくなりました」のように、汎化を意識したフィードバックを行うことも効果的です。場合によっては、「今日のグループ学習では、クラス会議とのつながりを見つけてね」と授業の冒頭で語り、カリキュラム・マネジメントの主体を子どもたちに委ねることで「先生、クラス会議で学んだ○○って、今日の授業の○○の部分でも生かせそうだね」とつながりを見出す子が出てくることもありました。

このようにフィードバックは、**教師が子どもたちをしっかり見ているという評価や、活動への意欲を引き出すための重要な機能であり「よりよい自分やクラスを目指すため」の指針になっていくのです。つまり、フィードバックする場面やフィードバックを受ける子も「強度×時間×頻度」の考え方に基づいて増やしていくことが大切です。**

2 ┃ 学級経営のつながりを視覚化する教室掲示

みなさんの学級にはどのような掲示物がありますか。また、その掲示物はどのような意図をもって作成されたものでしょうか。ここからは教師が意図して作成する教室掲示について提案していきますが、近年は、UD（学びのユニバーサルデザイン）の流れで、刺激量の調整をして、子どもが集中しやすい環境を整備している方もいらっしゃるのではないでしょうか[7]。実際に、教師の思いだけでたくさんの掲示物を貼っても、時間が経つごとに背景のようになり、むしろ気が散る原因になってしまっているという指摘もあります[8]。

ただ、最近の学級を見ていると、黒板の周りに掲示物が一切なくなった結果、教室から温かいムードが失われたように思います。つまり、形だけまねた「掲示物を排除するUD」が行き過ぎている学級が増えているということです。授業の中で学級の友達からも認められ、その関係によって教室にいることが安心できる状態になっていれば、掲示が前面にあることもそれほど気

にならないという指摘があるのも事実です[9]。大切なのは，**その掲示物が，学習場面や日常生活において生かされるものであると同時に，子どもたちにとって必要感のある掲示物かどうかという視点です。**それでは，学習場面や日常生活において生かされる掲示物とはどのようなものでしょうか。

　例えば，本書の構想の中核となるクラス会議場面において，「相手の目を見て話を聴く」「友達の話についてリアクションする」のような対人技能上の成長が見られたら図45のように，短冊に書いて掲示しておきます。

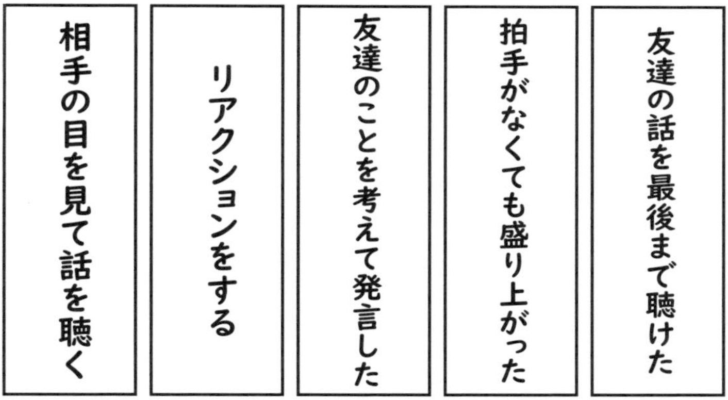

図45　クラス会議で話題となったキーワード

　このように，クラス会議の時間中に教師がフィードバックしたことをキーワードとして短冊にまとめておきます。その後，学習場面や日常生活の中で短冊に書かれたキーワードを意識した行動が見られた際には「クラス会議で学んだことが活きていたんだね」とフィードバックすることによって，より一貫・継続した指導が可能になります。この活動を続けていくと，子どもたちの方から「これってクラス会議で学んだことだよね」と声があがるようになります。

　また，教室の掲示物については，担任がフォーマットを決め過ぎず余白を残しておくということも大切です。一見，**掲示物が整えられている学級の方が落ち着いた教室に見えるかもしれませんが，裏を返せばそれは教師主導の**

5章　「コミュニケーション能力5.0」を目指す学級づくり　135

指導観がそのまま形になっているとも考えられます。ある教室では，国語の読み物教材の全文を大きな模造紙に書き出し，教室の後ろに貼り出していました。登場人物の心情や物語の重要な箇所が赤線で引かれ，「学習した感」が感じられるのかもしれませんが，単なる掲示物になってしまっているものも少なくありません。このように「学習した感」を出した掲示物は，研究授業で「掲示物がすごくて学びの蓄積が見て取れた」と価値づけられることも少なくありませんが，それは**本当に子どもたちにとって意味のある掲示物なのかどうか**，議論していく必要があります。大切なのは，子どもたちが成長実感をもてるような掲示物を，子どもたちと一緒につくっていくことです。そして，子どもたちが「**クラスをつくっていく主人公は自分たちである**」という意識をもてるようにしていくことだと思います。

　私は教室の掲示物については「３：１」の比率を意識しています。「３」は子どもたちに任せる掲示物，「１」は，上記で述べたクラス会議で学んだキーワードや学校で決められている掲示物です。子どもたちにとって必要な掲示物を，自分たちで決められるようにすることで，**教室運営の主体者は自分たち自身である**ということに気づけるようにします。具体的には以下の手順で進めていきます。

---

① 　子どもたちの経験を生かしながら，必要な掲示物について決める。
② 　掲示物をつくる上でのきまりごとを確認する。
③ 　作成した掲示物は，学級の子どもたちの承諾があればいつでも外したり，貼り替えたりできるようにする。
④ 　学級の成長とともにアップデートしていけるようにする。

　まず，子どもたちと必要な掲示物について決めます。ここでは子どもたちのこれまでの経験を生かして決めていきます。次に，掲示物をつくる上でのきまりごとを確認しておきます。例えば「クラスのみんなにとって役立つものであり，見やすく使いやすいもの」のように最低限の枠組みは示しておきます。また，掲示物の印刷やラミネート加工を必要とする場合は教師がフォ

ローします。そして,「作成した掲示物は,学級の子どもたちの承諾があればいつでも外したり,貼り替えたりしてもいい」「大切なのは,自分たちの成長に合わせて,学級の掲示物も成長させていこうということを繰り返し伝えていくこと」がこの実践のポイントとなります。

　実際に,私が担任していた学級で「『3：1』の教室掲示」を意識したところ,自分たちでポスターをつくって掲示する姿や,自分の端末を使って学級通信をつくる子がいました(図46)。自然な協同が生まれるため,こうした様子を見守りながらフィードバックしていきます。クラス会議と同様で,このように子どもたちに委任する活動は,導入時はうまくいかないことがほとんどだからこそ,まずは教師がトライ＆エラーのマインドでいることが大切です。このように,自分たちで教室環境をレイアウトしていくことによって,子どもたちが**「自分たちの教室は自分たちがつくる」**ということを意識できるようにします。

図46　子どもたちによって作成された学級通信

5章　「コミュニケーション能力5.0」を目指す学級づくり　137

3　カリキュラム・マネジメントシートの活用

　3つ目に提案するものはカリキュラム・マネジメントシートの活用です。これは，阿部・菊池（2019）の実践を参考に作成したものになります[10]。読者のみなさんは，ご自身の学級経営を評価し，さらによりよい学級を目指していくという取り組みはどの程度行っているでしょうか。「教育目標」や「グランドデザイン」から「学級目標」に下ろし，年度はじめに書類としてまとめて管理職に提出するという営みはずっと前から行われてきたかと思いますが，それが形ばかりの「作業」になっているという指摘もあります[11]。

　このように，形骸化された「作業」からの脱却を目指し，無理のない範囲でご自身の取り組みを振り返るために，図47のようなカリキュラム・マネジメントの活用を提案したいと思います。

　図46を見てわかるように，学級経営でつなぐカリキュラム・マネジメントにおいて，クラス会議・学習場面・生活指導での取り組みを1枚のシートにまとめていきます。また，4月当初に「目指す学級集団の姿」を設定し，定

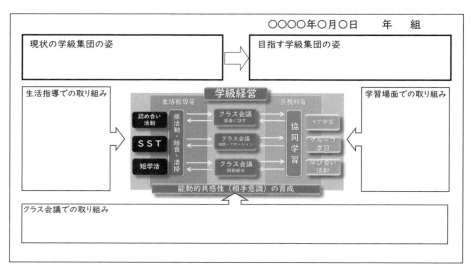

図47　カリキュラム・マネジメントシート（教師用）

期的に「現状の学級集団の姿」→「目指す学級集団の姿を実現するために，どのような活動を仕組んでいくか」見通しがもてるようにしていくとよいと思います。このようなシートを個人での取り組みで終えることなく，学年，学校体制で実施し，校内研修等で振り返り共有する時間を設けることによって，職員間のコミュニケーションの量を増やしていきます。

　人間関係は流動的です。複雑で多様な内容や活動から構成される学級生活では，計画したこと以外にも突発的なことが起こります。そんな中で人間関係づくりを思いつきでやるのは継続的な働きかけにならず，一貫性や継続性な指導を担保することができません。だからこそ，学級経営には定期健診が必要になるのです。

　加えて，カリキュラム・マネジメントシートと並行して学級の実態を把握することのできるアセスメントツールを活用することも大切です。一般化されたものとして，学校満足度尺度（Q-U）や学校適応感尺度（ASSESS）と呼ばれているものがありますが[12, 13]，学会等で学術的に認められている「尺度」を使うのも一つの方法です（例えば，小学生版共同体感覚尺度や学級雰囲気尺度など）[14, 15]。また，市販の書籍の中に収められている「チェックリスト」でもいいかもしれません（例えば，縦糸・横糸チェックリストなど）[16]。いずれにせよ，子どもたちの学級に対する認知や学級集団としての変容を確かめることが大切です。そして，これまでの**「KKD（勘，経験，度胸）の学習・生徒指導」に頼り切っていた学校現場の実態を脱却し，先生方の日頃の取り組みによって子どもたちや集団が変容したということを根拠に基づいて証明していくことが，これからの教育では必要になるでしょう**[17]。

　また，ここまで何度か述べてきましたが，この構想の戦略やビジョンを子どもたちにも語り，共通理解を図ることも大切です。そして，目標を伝え，学習（活動）して終えるのではなく，教師と子どもたちとで共有した目標に対する評価（振り返り）をしていくことが大切です。この考え方は水落・阿部（2014）による「目標と学習と評価の一体化」に倣っていますが[18]，子どもたちが自身の取り組みを振り返る上で，図48に示したカリキュラム・マネ

ジメントシートを子どもたちに適した文言に変えて活用するようにしています。

　この振り返りを月に一度実施し，教室壁面にクリアファイル等を利用して全員のシートを掲示するコーナーを設けます。そうすることで，定期的に自身の営みを更新し，かつ，クリアファイルそのものがポートフォリオとして残るようにしていきます。そして，3月に1年間の自身の成長を振り返り，次年度への展望をもてるようにしていこうという策略になっています。

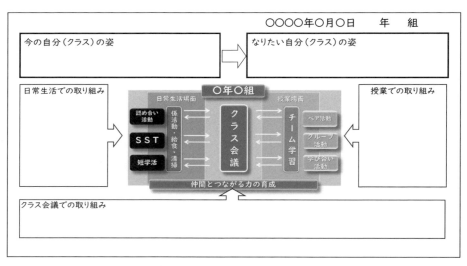

図48　カリキュラム・マネジメントシート（子ども用）

4　つなぎたいと思わなければつながることはない

教師の信念

　次に提案したいのは、「教師が確固たる信念をもつ」ということです。当たり前のことですが、実はこれが一番の策略になるかもしれません。

　「授業づくりの方が大事か，学級経営の方が大事か」「授業づくりが先か，学級経営が先か」という二分論的な議論がありますが，みなさんはこれまでどちらに力を入れてきたでしょうか。先行研究では，教師の学級経営観は，授業観と密接に関係しているということが明らかにされています[19]。つまり，図49のように**教師の学級経営観は授業実践からの影響を受ける**ということや，**学級経営観は教科の授業場面でも実践に影響を与える**ということです。

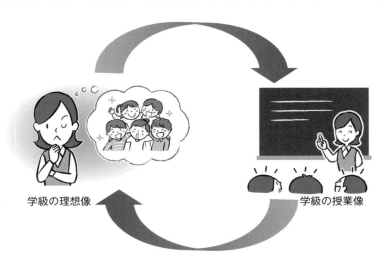

図49　教師の学級経営観と授業実践の影響（笹屋ら，2016をもとに）

　簡単に説明すると「協力し合えるクラス」を理想の学級像として捉えている教師が行う授業は「協力的に問題解決し合えるような学習展開」になりうるということです[20]。したがって，どちらも相互に影響を与えるものであり，同時並行的に行っていく必要があるからこそ，「**授業づくりと学級経営はセ**

ットで考える」という意識をもつとともに，自分がどのような子どもたちを育てたいのかという確固たる信念をもつことが大切になります。これは逆に考えれば，子どもにかける願いや方法が一体化していることに加えて，**学級経営も授業経営も，一貫・継続したものでなければ，教育的効果の最大化はなされない**ということです。

　また，本書のキーワードとして教師による「語り」の大切さをここまで述べてきましたが，こちらも教師の信念に影響されるということが報告されています。つまり，**教師の願いや思いの「語り」なくして学級経営も授業経営も充実したものにはならない**と考えられます。

　教師の「語り」についての内容は大きく３つに分けられるといいます[21]。１つ目は「個の力」に関する語りで，これは「自主性」や「自立」を促す語りにあたるものです[22]。２つ目が「集団の力」に関する語りで，これは集団としての「まとまり」や「集団の一員としての姿」を自覚させる語りです[23]。３つ目は「人間関係」に関する語りです。これは「特定の集団で過ごすこと」を見直させる語りであるといいます[24]。ここでポイントになるのが，この調査では３つの語り全てにおいて教師の一貫した思いや願いをもつことが学級経営の充実を実現する上で必要であるということです。

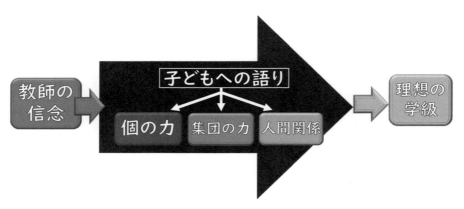

図50　理想の学級の実現に向けた教師の信念と子どもへの語りの関係（酒井，2017をもとに）

図50にイメージを示しましたが，ここまでの研究をまとめると「よりよい**学級集団をつくる」という信念をもち，教師の一貫・継続的な指導がなされるからこそ，学級づくりも授業づくりもうまくいき，理想の学級が実現されていくという仕組みになっていることがおわかりいただけるかと思います。つまり，教師自身が本気で子どもたちをつなぎたいという信念をもたなければ，子どもたちはつながることはないということです。**

5 コミュニケーション能力は生きるための手段に過ぎない

　それでは，本章の最後にここまでの本書の内容を大まかに解説したいと思います。

　1章では，学級経営でつなぐカリキュラム・マネジメントを通して，令和時代を生きていくために必要な相手意識に基づくコミュニケーション能力を育んでいこうということを主張しました。2章では学校教育全体を通してコミュニケーション量を圧倒的に増やせるよう，クラス会議を中核とした構想を提案しました。3章では，クラス会議で学んだ対人技能や社会的スキルを学習場面において汎化していけるような協同学習のあり方について提案しました。そして，それだけでなく給食や清掃，係活動のような日常生活場面においてもスキルを使えるようにしていこうという提案を4章ではしました。5章ではこれらを実現する上で，教師が「子どもたちをつなぎたい」と本気で願い，確固たる信念をもつ必要があるということをおわかりいただけたと思います。

　そして，この構想を通して育まれた相手意識に基づくコミュニケーション能力は高次の学級集団を実現するためのリソースとしての役割を果たします。高次の学級集団を目指すためには，子ども同士で話し合い，合意形成を図りながら問題解決のサイクルを回せるようにしていかなければならないからです[25]。そういった意味では「ステーション授業構想」と称されることのあるこのカリキュラム・マネジメントですが，この構想を通して目指している終

5章　「コミュニケーション能力5.0」を目指す学級づくり　143

着駅は,「自治的集団」や「クラス全員のリーダシップが発揮されるような集団」といってもよいでしょう[26]。「学級集団のゴール像」や「学級集団の理想像」と呼ばれることの多い「自治的集団」ですが[27],それを実現することが目的ではありません。子どもたちが必要な力を身につけたら,自ずとその集団は,自治的集団のような様相を見せるだろうということです。その必要な能力とは,子どもたちが社会に出たときに自立して生きていくために必要な能力となる「協働的問題解決能力」です[28]。

　本書をお読みのみなさんも,子どもたちの幸せは,社会的に自立することによって実現するということには異論はないかと思います。もちろん,自立の度合いにはグラデーションがありますので,それぞれの個の能力に応じて自立を想定していけばよいと思います。自立とは決してひとりで成し遂げなくてはならないわけではありません。むしろ,必要に応じて他者に効果的に依存しながら実現するべきものです。

　このように考えていくと,義務教育段階において全ての子どもを「自立した個」にしていくことが「究極の願いである」といってもよいでしょうが,

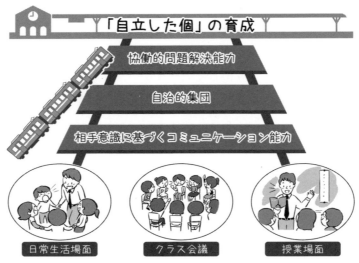

図51　「学級経営で『つなぐ・つなげる』カリキュラム・マネジメント」でつけたい力

それを一律に全員に保証していくことは難しいことです。だからこそ，図51のように学校教育段階においては「自立した個」を目指していきます。

そのためには「クラス会議で相手意識を……」とか「特別活動でコミュニケーション能力を……」という「つぎはぎ的な発想」ではなく，カリキュラム全体を通して「自立した個」を育成していくという「一貫した発想」をもつことが必要です。つまり，カリキュラム全体を通して「生き方」に迫っていくことを可能にする構想が，ステーション授業構想（学級経営でつなぐカリキュラム・マネジメント）なのです。

引用文献

1　山本佐江「日本におけるフィードバック概念受容の検討」東北大学大学院教育学研究科研究年報，第63集・第2号，pp.297-314，2015

2　ジョン・ハッティ，グレゴリー・イエーツ／原田信之訳者代表『教育効果を可視化する学習科学』北大路書房，2020

3　深見英一郎「体育授業における教師の効果的なフィードバック行動に関する検討」筑波大学博士論文，第2314号，pp.1-207，2007

4　上江洲隆裕，岡澤祥訓，木谷博記「教師の言語活動による「継続的フィードバック」が技能成果，運動有能感に及ぼす影響に関する研究　走り幅跳びの授業実践を通して」奈良教育大学教育実践総合センター研究紀要，20，pp.159-166，2011

5　赤坂真二『スペシャリスト直伝！　成功する自治的集団を育てる学級づくりの極意』明治図書，2016

6　Barkley，R，O.／海輪由香子訳『バークレー先生のADHDのすべて』ヴォイス，2000

7　山田洋一編著／北の教育文化フェスティバル著『ユニバーサルデザインで変える学級経営ステップアップ術60　4〜6年』明治図書出版，2022

8　前掲7

9　矢ノ浦勝之『秋田県式「アクティブ・ラーニング」教師の技：子どもの「主体的・対話的な深い学び」を促す！⑾』小学館，2016

10　阿部隆幸，菊地南央『学級経営が主役のカリキュラム・マネジメント　キャリア意識を育むコラボレーション授業の実践』学事出版，2019

11　前掲10

12　田上不二夫監修／河村茂雄著『たのしい学校生活を送るためのアンケートQ−U（心理検査）』図書文化社，1998

5章　「コミュニケーション能力5.0」を目指す学級づくり　**145**

13 栗原慎二，井上弥『アセス〈学級全体と児童生徒個人のアセスメントソフト〉の使い方・活かし方』ほんの森出版，2010

14 高坂康雅「小学生版共同体感覚尺度の作成」心理学研究，84巻6号，pp.596-604，2014

15 三島美砂，宇野宏幸「学級雰囲気に及ぼす教師の影響力」教育心理学研究，52巻4号，pp.414-425，2004

16 野中信行，横藤雅人『必ずクラスがまとまる教師の成功術！ 学級を安定させる縦糸・横糸の関係づくり』学陽書房，2011

17 平川理恵「客観的資料を生かしたカリキュラム・マネジメント：KKD（勘・経験・度胸）の学習・生徒指導からの脱却を！」長田徹監修『カリキュラム・マネジメントに挑む 教科を横断するキャリア教育，教科と往還する特別活動を柱にPDCAを！』図書文化社，2018

18 水落芳明，阿部隆幸編著『成功する『学び合い』はここが違う！』学事出版，2014

19 笹屋孝允，森脇健夫，秋田喜代美「小学校教師の学級経営観と授業実践の関係の検討 学年共同の研究授業における3学級同一内容の説明文授業の比較」三重大学教育学部研究紀要，第67巻，pp.375-388，2016

20 前掲19

21 酒井愛奈「学級経営における教師の児童との関わり方に関する研究 教師のストラテジーを視点として」愛媛大学教育実践総合センター研究紀要，第1号，pp.1-12，2017

22 前掲21

23 前掲21

24 前掲21

25 赤坂真二編著『自ら向上する子どもを育てる学級づくり 成功する自治的集団へのアプローチ』明治図書，2015

26 河村茂雄『日本の学級集団と学級経営』図書文化社，2010

27 前掲26

28 赤坂真二『学級経営大全 1ランク上の指導力を！ 学級経営力アップ6つのポイント』明治図書出版，2020

学級経営でつなぐカリキュラム・マネジメントの発想

6章

1 良質な学級環境を分かち合う

　筆者の一人（赤坂）が，最初に「学級崩壊」という現象に出会ったのは，1995年，小学校の教員7年目のことです。その学校に赴任して初めて担任した6年生は，出会いの日，教室の扉を開けると着席していた子どもは，3分の1で，他の子どもは，後方でたむろしていたり，机の下にもぐって隠れるように身を潜めたりしていました。自己紹介をしようにも，筆者の存在を無視するようにしておしゃべりを続けている姿は，今でも強烈に目に焼き付いています。

　学級崩壊という言葉が使われはじめたのは，1997年，98年あたりといわれていますから，その頃は，自分の目の前で起こっている現象を説明する言葉がありませんでした[1]。本屋さんの教育書コーナーに行っても，いじめ対策，不登校予防など生徒指導に関する書籍は山のようにありましたが，学級崩壊のようにクラス全体が「荒れた」状態に対する解決策を示すものは皆無でした。

　その一年は，思い出すのも苦しい時間の連続でした。今も，時折，対面の日の朝の状況を夢に見るほどです。しかし，「崩壊」と表現するほどの学級は，数としてはそう多くはなく，前年度荒れてしまったクラスでもそれなりの対応力のある教師が担任していれば，学校経営に支障を来すようなことはありませんでした。しかし，筆者の周辺では，2000年を越える頃からその割合が増え，あちこちで荒れてしまうクラスが出現し，特定の教師によって「事を収める」という対処療法が利かなくなってきました。そもそも，荒れたクラスを指導できる教師は，各学校にそれほど多くいるわけではありません。

　そうしたときに必要になった発想が，

学級経営をシェアする

という発想です。学級の状態の格差が大きいと，保護者からのクレームが起

こったり，子どもの「〇年〇組はいいなあ」といった不満が保護者に伝わり，それがさらに保護者のクレームを大きくしたりするような事態を招きますので，現在も「学級経営をシェアする」という方向性で，学校経営，学年経営が行われていることでしょう。

　各教室で，また教師によって差が生じないようにするときに，「揃える」という戦略がとられるわけですが，一般的に，教科書・教材の統一，授業計画の共有，補助教員の配置，成績評価の規準・基準の共有，近年では，ICT機器の導入・配分などがなされます。こうしたことを揃えることには，教師も保護者も子どもも納得をしていることでしょう。

　しかし，近年の学校，特に小学校における「揃え方」を見ていると行き過ぎではないかと思われるようなこともあります。例として，まず，教室のレイアウトの統一です。全ての教室で机や椅子の配置，掲示物の位置，ホワイトボードの使い方などが同じように設定されていることがあります。これにより，どのクラスに入っても同じような環境で学べるようになる一方で，教師の個性やクラスの特色が失われることもあるでしょう。教室のレイアウトは，教師の教育理念が具現化されたものです。机の配置は，教師の授業法や指導法が最適化されている場合があります。それを変えるということは，授業法や指導法を変えなくてはならない場合も生じます。

　その他にも，持ち物，服装の規定，学級通信，宿題の有無などなど，これまで緩やかだったものがより引き締められ，学級担任の自由裁量だったものが，トップダウンで決められたりするなど，「過剰な統制」がなされている学校もあります。もちろん，学級の秩序の形成や宿題の出し方，掲示物の貼り方など，採用されて間もない頃は，ある程度の方向づけがあってしかるべきかと思います。しかし，それらは，先輩の教室を見て，真似ることであって，トップダウンで一律で決められるようなことでしょうか。

2　考え方と最低限の方法論を共有する

　こうした「方法論の統制」は、教師の自由度を奪い、教職の大きな魅力の一つである創造性を損ない、教師のやる気を奪う可能性があります。良質な学習環境をシェアするということは、けっして教室の机の配置や掲示物の貼り方を揃えることではありません。当然、学級通信を出すか出さないか、宿題を出すか出さないかを揃えることでもありません。

　「方法論の統制」が進むことで、教師の自由度を損ないながら、教員の個々の意志ではない力によって、教室の管理が進み、教室はどんどん潤いのない、ギスギスした状態になっていくのではないでしょうか。こうした細部にわたる統制は、子どもはもちろんですが、教師自身のやる気を奪い、誰も幸せにならない教育活動の展開を招きます。

　シェアすべきは、方法ではなく、考え方です。人のモチベーションを高める方法の例示として、「部屋をきれいにさせたいなら、箒は自分で選ばせる」

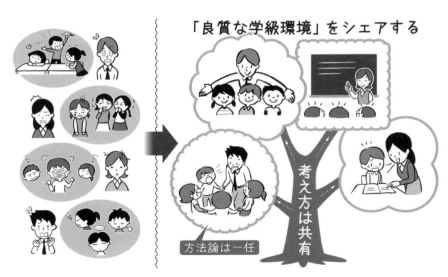

図52　良質な学習環境を分かち合う発想

というものがあります。部屋をきれいにするという目的（考え方）が理解されたら，部屋をきれいにする道具，つまり方法は選択させた方が，意欲が高まることを意味しています。共有すべきは，方法ではなく，目的（考え方）なのです。学校内に複数の荒れたクラスが発生した場合，自分が学級担任をしながら，他の教室をサポートするなどというのは無理なことです。ましてや自分の学級が荒れたクラスの立て直しの真っ最中だったら，同僚の心配をしている余裕などあるわけがありません。

　荒れたクラスがある一方で，荒れとは無縁かのように順調な学級も存在します。これまで学級経営は，授業よりも共有が難しい領域とされ，うまくいっている学級を見たときに，「○○先生だからできるんだよね」と名人芸的な扱いを受けてしまうことが多い営みでした。学級経営が難しくなっている昨今，学級経営を「名人芸」にしておいては，学級担任の皆さんも安心して仕事ができないのではないでしょうか。

　うまくいっている学級には，基本的な考え方があり，それに基づき一貫性のある指導をしているから安定しているわけであり，その考え方の部分を共有し，細かな方法のところは，みなさんの創造性を発揮していただけたら個性的で楽しい学級経営ができるのではないでしょうか。樹木に例えると考え方は根や幹であり，方法は枝葉です。幹や根っこがしっかりしているから，枝葉を伸ばせるわけです（図52）。

　ただ，考え方を共有するといっても考え方だけでは一歩が踏み出せないことでしょう。部屋をきれいにしたいと思っても，具体的に何をすればいいのか皆目見当がつかない人には，一歩が踏み出せません。一歩が踏み出せなければ，思いは募れども変化は起こらないわけです。掃除のようなシンプルな課題ならまだしも，学級経営という複雑な営みの場合は何から手をつければいいかわからない場合もあるでしょう。

　変化を起こすためには，考え方にプラスαしての「最低限の方法」の共有が必要です。これが，学級経営のシェアを実現します。

3 学級経営でつなぐカリキュラム・マネジメントの構造

　本書にとって教師個人の学級経営の成功は目標であり，その目的は学校レベルの学級経営の成功にあります。では，何をもって学級経営の成功とし，そして何を共有すればいいのでしょうか。現行の学習指導要領では，「学びを人生や社会に生かそうとする学びに向かう力・人間性等の涵養」がねらいとして設定されています。これは，育成すべき資質・能力のあと2本の柱，「生きて働く知識・技能の習得」と「未知の状況にも対応できる思考力・判断力・表現力等の育成」の目標的な働きをなすとされていますから，今，我が国の教育の上位のねらいは，「学びに向かう力・人間性等の涵養」といっていいでしょう。つまり，学んだことを社会貢献に活用する力をもった人を育てることが，求められているわけです。

　知識・技能は，活用することによってその量も質も高まることは多くの方が経験的に知っていることでしょう。良質なアウトプットをしようと思ったら，質，量共に高いインプットが求められます。良質なインプットは，さらに良質なアウトプットをもたらしますから，双方は往還しながら高まっていくことが期待されます。

　しかし，それと他者や社会への貢献は別の次元の話です。高い知識・技能，優れた活用力が必ずしも世のため人のために機能するとは限らないのです。知識重視から，資質・能力重視に教育が移行したのは，人口減少時代において，国や制度に守られて受け身で生きる生活から，自分で人生を切り開くたくましい国民性を育て，私たちの生き方をアップデートしていこうという方針転換なのです。

　どんなに学級が安定していようとも，自己中心的な，また社会に無関心な人にしてしまっては，学校教育としては成功しているとはいえないわけです。自己中心的な人は，社会的にはあまり受容されないでしょうから，自分の人生を豊かにつくっているとは言い難いかもしれません。では，どんな人が社会的に貢献するのでしょうか。

高坂（2012）は，大学生を対象にした研究で，「共同体感覚のなかでも所属している集団の成員を信頼できている感覚や他者に貢献できている感覚がもてているほど，他者のためになるような行動をしている」ことを見出しました[2]。共同体感覚とは，オーストリアの精神科医アルフレッド・アドラーの個人心理学（いわゆる，アドラー心理学）における中心的理論概念のひとつです。共同体感覚については，アドラー（岸見訳，1996）が，「『他の人の目で見て，他の人の耳で聞き，他の人の心で感じる』という言葉が共同体感覚の許容し得る定義である」と述べていますが，共同体感覚の明確な定義はなされていないとされています[3]。

　日本にアドラー心理学を紹介し，その普及に尽力した野田（1997）は，共同体感覚の三条件として，「私は私のことが好きだ」という「自己受容」，「人びとは信頼できる」という「基本的信頼感」，「私は役に立てる人間だ」という「貢献感」を挙げています[4]。高坂の研究に依拠すれば，自分の所属する集団のメンバーを信頼し，そこで誰かの役に立っているという感覚をもつほどに，より他者に貢献するような行動をするのです。つまり，共同体感覚が高ければ，他者や社会に貢献する行動をとる可能性が高くなるということです。

　では，学校教育において，どのように共同体感覚を高めればいいのでしょうか。高坂（2023）は，小学生を対象とした研究で，学校適応感が共同体感覚を高めることを明らかにしています[5]。文字通り学校適応感とは，児童生徒が学校環境にどれだけ適応しているかを示す心理的な状態のことです。学校適応感には様々な構成要素がありますが，高坂（前掲）が採用したのは，「何でも話しかけたり，尋ねたりしたいなと思うことがある」などの項目から測られる「対教師関係」，「一生懸命勉強することがある」などから測られる「学習意欲」，「私の学校はすばらしい学校だと思うことがある」などから測られる「自校への関心」，そして，「クラスの人と話していて楽しいと感じる事がある」などから測られる「級友関係」からなる4つの観点です[6]。

　学校適応感の向上に関しては，これまでの研究からソーシャルスキルの向

上が寄与することが指摘されています。学校適応感を測定する質問紙の多くに，友人との関係や教師との関係にかかわる項目があることが考えると，学校における社会的関係が良好になると学校適応感が高まることは容易に想像ができます。

　そこで，ある仮説を立てました。ソーシャルスキルが高まることによって，学校適応感が高まり，学校適応感が高まることで共同体感覚が高まり，自分の力を他者のために生かす力が育つだろうというものです。他者貢献の力をもった子どもたちが学級内に一定数育つことによって，子どもたちの学校適応感はさらに高まり，より多くの共同体感覚をもった子どもが育つことが期待されます（図53）。

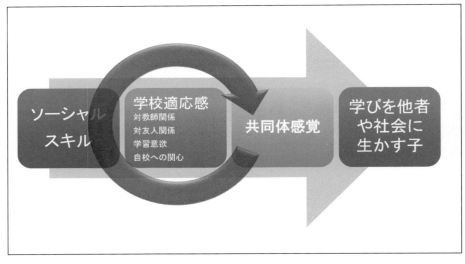

図53　学びを他者や社会に生かす子どもを育てる構想

4　スキルを「学ぶ場」と「活用する場」の連動

　しかし，ソーシャルスキルトレーニング（以下，SST）には，いくつかの課題が指摘されています。SSTの時間は，子どもたちが楽しそうに学習し，学級も楽しい雰囲気になりますが，他の場面に転移しないということです。つまり，「その場限り」となってしまうことです。また，ソーシャルスキルと一口にいっても，多種多様なスキルがあり，それに応じた指導法もあります。子どもたちに身につけさせたいスキル，ターゲットスキルの選定が難しいということです。各教師から見れば，あのスキルも，このスキルも身につけさせたいとは思うでしょうが，それが全員に必要なことなのか，そもそもそれだけのスキルを指導する時間があるのかなど，悩ましい課題があるのも事実です。

　そこで，構想されたのが「学級経営でつなぐカリキュラム・マネジメント」です（図54）。主にソーシャルスキルを学ぶ授業を中心に置いて，教科指導でも生活指導でもそのスキルを活用することで，定着を図ります。これ

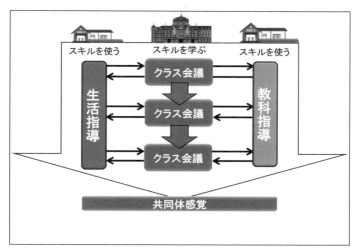

図54　学級経営でつなぐカリキュラム・マネジメント

はいわゆる「筋トレ」の発想です。「筋トレ」では、適度な負荷をどれくらいかけるかということが、筋力の維持・増加にとって大事な要素になります。難し過ぎたら子どもたちが取り組みません。また、子どもたちがそのスキルを、いいものだと認識し「日常使い」するまでにはそれなりの回数が必要です。

　スキルを学ぶ授業を学級活動に据え、その定着のための活用の場を、教科指導の場面、生活指導の場面に求めました。そのスキルを活用するよう促すのです。スキルを教え、活用の場を設定したからといって、新しい行動は易々とは身につきません。子どもたちのパフォーマンスを教師が見取り、意味づけたり価値づけたり、喜んだり感謝したりする強化が大事なポイントになります。

　スキルを学ぶ授業が東京駅などの主要な駅で、そこでの学習内容が電車であり、各教科の指導、生活指導の場面をそこにつながる駅として、それらの間を行ったり来たりするイメージから、この取り組みを「ステーション授業構想」と呼んだりすることがあります。

　次なる問題は、どんなスキルを学習するのかということです。この構想は、共同体感覚を身につけるプログラムともいえます。したがってあまりソーシャルスキルの射程を広範囲に設定せず、共同体感覚の育成に絞ります。共同体感覚は、それを具現化する、価値、態度、スキルとして表現することができます。スキルは、その価値が理解されたとき、使う側の主体性を喚起し、態度に表出したり活用されたりします。共同体感覚を構成するソーシャルスキルは、「傾聴」や「他者を傷つけない自己主張」など、学習スキルとしても活用できる汎用性の高いスキルです。共同体感覚を効果的に身につけるための整備されたプログラムが、クラス会議なのです。

　クラス会議については、ここまでに詳しく説明されているので詳細は省きますが、おわかりのようにクラス会議は、相談事やクラスのルールぎめの話し合い活動のプログラムのように見えます。しかし、その本質は、共生と協働の価値や態度やスキルを学ぶ場です。クラス会議で身につける価値や態度

やスキルは，他者と自分のあり方や，やり方に折り合いをつけるための現実的な考え方や行動プランを提示してくれます。また，相互支援的な学級風土を育てることにも寄与します。共同体感覚を高める過程で，学級への適応感が向上することが期待できます。

　こう述べていると，なんだか，ご都合主義の絵空事に聞こえるかもしれませんが，学級経営でつなぐカリキュラム・マネジメントは，これまで10年以上の期間，私が各地の学校や私の研究チームが実習校の学校改善にかかわらせていただき，子どもたちの学校適応感の向上や，自己へのポジティブな感情や，社会性などの向上を実現してきました。不登校が激増する昨今の状況で，定常的な不登校が0になるような学校もありました。

　学校は「オワコン」だとか，無責任に言い放つ発言も耳にしますが，本当にそうなのでしょうか。学校はまだまだ可能性をもっていると筆者は言いたいのです。

引用文献

1　尾木直樹『「学級崩壊」をどうみるか』（NHK出版協会，1999）には，1994年に大阪の講演で尾木氏が，講演会の実行委員との会話のなかで「学級崩壊」との言葉が聞かれたエピソードが記されている。この時期，学校内での暴力やいじめ，授業中の無秩序な行動が増加し，教師がクラスを統制できない状況が目立つようになり，そうした状態をマスコミが「学級崩壊」と表現し，広く認知されるようになったとされる。

2　高坂康雅「大学生における共同体感覚と社会的行動との関連」和光大学現代人間学部紀要，第5号，pp.53-60，2012

3　アルフレッド・アドラー／岸見一郎訳／野田俊作監訳『個人心理学講義　生きることの科学』一光社，1996

4　野田俊作『アドラー心理学トーキングセミナー　性格はいつでも変えられる』アニマ2001，1997

5　高坂康雅「小学校高学年の共同体感覚と学校適応感との因果関係の推定」日本心理学会大会発表論文集77，p.990，2013

6　前掲4

「これまで」と「これから」の教育を見据えて

　本書を書きはじめたのは2024年，大学院修了を数か月後に控えた頃でした。大学院生活の２年間で「これまで」に実践してきた自身の取り組みを理論的枠組みの中から見つめ直し，現場に戻って「これから」取り組みたかったことや実践したことをまとめたいと思い，執筆を決意しました。

　そんな折，筆者宛の年賀状が派遣先の上越教育大学の学生支援課に届きました。差出人は，筆者が大学院進学前に担任していた子でした。当然のことながら，大学院の下宿先を子どもたちには伝えていませんので，筆者がいるであろう大学院の学生支援課に届くようにしたのだと思います。

　中学２年になった彼女を受けもったのは小学５年生のたった１年間だけでした。およそ３年前の，しかも卒業担任でもなかったのによく覚えていてくれたものだと感激しました。そんな彼女からの年賀状には以下のように書かれていました。

　私は今年で中学２年生になります。水流先生から教わった様々なことを活かして，昨年は合唱コンクール運営実行委員長になり，合唱コンクールをサポートしました。水流先生から教わったものは私の心に強く残り，学校生活をする上でとても役立っています。

　後，私は，弓道部に所属しています。今はとても楽しいです。今年には新人戦があります。なので，今はその大会に向けてがんばっています!!

　「このクラスがもっとよくなるために何ができるか」「みんなのために自分ができることをがんばりたい」という貢献意識が強く，当時も学級役員を務めていた彼女。数年後にはまた違う場所でリーダーシップを発揮していることを知って温かな気持ちになりました。そういえば，拙書『シェアド・リー

158

ダーシップで学級経営改革』を書籍としてまとめようと思い立ったのもこの学級の子たちを担任してからでした。

　メッセージを読みながら，彼女たちと共に過ごした1年間を思い出しました。4月，3人の子どもが不適応を示して教室に入れなかった学級開き。なんとか全員が席について授業を受けられるようになったのは学級開きから1か月後のことでした。そんなスタートでしたが，相手意識が育っていくうちに，数は少ないものの「うまくいった！」と思える授業も増えてきたように思います。そして，その集大成は3月の子どもたちとの別れの日に見られました。

　5年生として最後の帰りの会，子どもたちが担任に充てた通知表をサプライズで渡してくれました。「いつの間につくったのだろう……」と不思議に思いながら通知表の内容を確認すると，1年間の授業を教科ごとに「おもしろさ・楽しさ・わかりやすさ」が3段階（A・B・C）で評価されていました。よくよく見てみると，全ての教科が最も高い「A」という判定でしたが，学級活動だけは「C」と表記されていました。

　力を入れていた教科だったということもあり，ちょっと悔しかったのでその理由を子どもたちに尋ねてみました。すると「先生の授業はいつもわかりやすくておもしろいからA判定」。でも，「学級活動については最初，先生が色々と教えてくれたけど，今は全部自分たちが中心になって進められるようになったからC判定だよ」と笑顔で話していました。子どもたちが自治的な集団としてまとまっていったのだということを再確認すると同時に，特別活動や学級活動が彼らにとって本当の意味で「特別な活動」であったことを子どもたちから教わった瞬間でした。こうして考えていくと，本当に子どもたちが身につけるべき資質・能力というのは「これまで」も，そして「これから」も変わらないのではないでしょうか。

　「教師の過重労働」「教員採用試験の定員割れ」など，今の教育界は暗いニュースで溢れかえっています。「忙しい」「ブラック」「息苦しい」「オワコン」などのイメージが先行し，「楽しむ」という最も大切な部分が見えなく

なっているように思います。本書は，そんな教育界を軽やかに楽しむための
ヒントを詰め込んだつもりです。本書を手に取られたみなさんは「これま
で」も「教師を楽しみたい」「子どもたちと笑い合いたい」と願い，実践を
重ねている最中だと思います。そして，「これから」もさらに教職を楽しむ
ために本書が活用されることを願ってやみません。

　最後に，いつも私の突飛な思いつきに「よし！　やってみよう！」といっ
て背中を押して勇気づけてくれる赤坂真二先生。そして，本書の発刊にご尽
力いただいた明治図書の及川誠さんと杉浦佐和子さんには大変お世話になり
ました。この他にも，本書の発刊にかかわってくださった皆様に心より感謝
いたします。ありがとうございました。

写真　子どもたちからプレゼントされた通知表

水流　卓哉

エビデンスのある実践のお供として

本書を最後までお読みいただきありがとうございました。

本編でも少し述べさせていただきましたが，学級経営でつなぐカリキュラム・マネジメントの取り組みは，私が一学級担任の立場で分かち合いが難しい学級経営をどうやったら共有できるかという問題意識からスタートしました。

大学の教員になり，学校支援を始めるようになり，この発想は，教育活動を改善する際の基盤となる実践として具体化が進みました。学校教育は実に豊かな要素から成り立っていますが，その要素を削りに削ってその本質を見据えたときに残ったものが「つながり」でした。

学校教育は，人と人との営みで成り立っています。それは ICT 器機を活用しても何ら変わることはありません。ICT の C は，Communication の C であるわけですから，そこが機能しないと全てがうまくいかないといってもいいのではないでしょうか。逆にいえば，そこを整えることで，教科指導，生徒指導，特別支援教育などなど学校教育の様々な場面が活性化してくるわけです。

これまで院生チームと地域の学校，そして私個人は全国の自治体のいくつかの学校と連携し，教育活動の改善にかかわらせていただきました。その取り組みの基盤になっているのが，学級経営でつなぐカリキュラム・マネジメントです。このように書くと，私及び私の研究室のコンテンツと捉えられるかもしれませんが，それは違います。

この実践は，これまでかかわらせていただいた多くの学校の先生方と協働し，試行錯誤を繰り返す中で形となってきたものです。まさにかかわってい

ただいた全国の先生方と協働で開発したものだといえます。実践はやがて，研究としてもまとめられるようになり，以下の紀要論文，学会論文として報告されています。

・川口雄，赤坂真二

「協同のための対人技能を身に付けさせる一貫した取組が協同的な学習に対する動機づけの変容に及ぼす影響に関する事例研究」上越教育大学教職大学院研究紀要，第8巻，p.1-10，2021

・鳥居明日香，大塚祐一郎，須山諒，深瀬和朗，矢野保志斗，赤坂真二

「共同体感覚を育成するための学級活動を中核としたカリキュラム・マネジメントに関する事例研究」日本学級経営学会誌，第4巻，pp.37-46，2022

・寺岡幸作，永井寿樹，鳥居明日香，大塚祐一郎，須山諒，内木拓海，赤坂真二

「ステーション授業構想をもとにした協同学習における対人技能活用による協働的な学習過程への影響についての事例研究」日本学級経営学会誌，第5巻，pp.39-49，2023

　本書の執筆者である水流卓哉氏もその開発者にかかわった重要な一人であるわけです。水流氏は実践論文のみならず学術論文も数多く執筆している，学術研究と実践の往還を体現する稀有な実践家です。これからはエビデンスのある実践が求められる時代となります。本書は，そんな志をもつ皆様の強力なサポーターになることでしょう。

　今回も明治図書の及川誠さん，杉浦佐和子さん，イラストレーターの木村美穂さんのおかげで，予想以上の中身と装丁に仕上げていただきました。心から感謝申し上げます。学校の可能性をこれからも研究し，発信していきたいと思います。どうぞよろしくお願いいたします。

赤坂　真二

【著者紹介】

赤坂　真二（あかさか　しんじ）
1965年新潟県生まれ。上越教育大学教職大学院教授。学校心理士。19年間の小学校勤務では、アドラー心理学的アプローチの学級経営に取り組み、子どものやる気と自信を高める学級づくりについて実証的な研究を進めてきた。2008年4月から、これから現場に立つ若手教師の育成、主に小中学校現職教師の再教育に関わりながら、講演や執筆を行う。（6章執筆）

水流　卓哉（つる　たくや）
1994年長野県生まれ。愛知県公立小学校勤務。上越教育大学大学院修了。子どもたちの社会的自立能力育成に向けて自治的集団について実証的な研究を進め、校内研修や講座等では学級づくりに関する講師を務める。日本学級経営学会、日本特別活動学会、日本教育工学会所属。「第9回全国「授業の鉄人」コンクール・鉄人賞」「第21回　ちゅうでん教育大賞・教育優秀賞」「第58回『実践！　わたしの教育記録』・入選」など、ほか多数。著書に『シェアド・リーダーシップで学級経営改革』（明治図書、2024年）、学術論文に「自治的集団尺度の開発と信頼性および妥当性の検討」などがある。（1～5章執筆）

［本文イラスト］木村美穂

ステーション授業構想で育てる！
教科横断型の学級経営

2025年2月初版第1刷刊	©著者	赤坂　真二
		水流　卓哉
	発行者	藤原　光政
	発行所	明治図書出版株式会社
		http://www.meijitosho.co.jp
		（企画）及川　誠（校正）杉浦佐和子
		〒114-0023　東京都北区滝野川7-46-1
		振替00160-5-151318　電話03(5907)6703
		ご注文窓口　電話03(5907)6668
＊検印省略	組版所	中　央　美　版

本書の無断コピーは、著作権・出版権にふれます。ご注意ください。

Printed in Japan　　　　ISBN978-4-18-420637-3
もれなくクーポンがもらえる！読者アンケートはこちらから　→

子どもの主体性を育む 言葉がけの作法

宗實 直樹 編著

子どもの主体性を育むためには、表面的な行動を引き出すだけではなく、子どもの価値観や志向を肯定的にサポートする言葉がけが必要です。「子どもを見守る言葉がけ」「支える言葉がけ」「引き上げる言葉がけ」など、子どもの意欲を高めて伸ばす言葉がけの秘訣を1冊に。

A5判 136ページ／定価 1,980円(10% 税込)
図書番号 3389

樋口万太郎・若松俊介 たりない2人の教育論

樋口 万太郎・若松 俊介 著

気鋭の著者2人が、教育・教師のあり方について余すことなく語る！2人の「教師観」「学級経営」「授業づくり」「教師の仕事術」を切り口に、学校や教師の理想とギャップ、学級経営や授業づくりで大切にしていることと考え方を語ります。今後の教育の羅針盤となる1冊。

A5判 144ページ／定価 1,936円(10% 税込)
図書番号 1062

ＩＣＴで変わる算数授業 はじめの一歩
1人1台端末を活かす授業デザイン

古川 俊 著

1人1台端末を活かすことで算数授業はこう変わる！算数授業におけるＩＣＴ活用の「はじめの一歩」を、実践例をまじえて丁寧にわかりやすく解説しました。すぐに使えるテンプレートとYouTubeの解説で明日から出来る！ＩＣＴを活用した算数授業づくりの入門書。

A5判 144ページ／定価 1,980円(10% 税込)
図書番号 2963

ＥｄＴｅｃｈで創る 未来の探究学習

山内 祐平・池尻 良平・澄川 靖信 著

探究学習におけるＥｄＴｅｃｈ活用には、様々なバリエーションがあります。探究学習を「問いづくり」「調査・実験・開発」「発表・議論」の3つのフェーズでとらえ、ＥｄＴｅｃｈの活用方法を具体的な事例をもとに紹介しました。明日の授業に活かせる必携の入門書です。

A5判 176ページ／定価 2,200円(10% 税込)
図書番号 2687

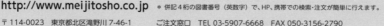

明治図書　携帯・スマートフォンからは　明治図書ONLINEへ　書籍の検索、注文ができます。▶▶▶
http://www.meijitosho.co.jp　＊併記4桁の図書番号（英数字）で、HP、携帯での検索・注文が簡単に行えます。
〒114-0023　東京都北区滝野川7-46-1　ご注文窓口　TEL 03-5907-6668　FAX 050-3156-2790

個別最適な学び×ロイロノート 複線型の学びを生み出す 授業デザイン 小学校編

吉金 佳能・宗實直樹 編著

ロイロノートを活用すればここまで出来る！「学習の複線化」をキーワードとした「個別最適な学び」実践集。すべての実践事例に「単元デザイン案」を入れ，単元を通してどのように「指導の個別化」と「学習の個性化」を図るか，その授業づくりを具体的に提案しました。

Ａ５判 152 ページ／定価 2,376 円(10% 税込)
図書番号 1694

個別最適な学び× 協働的な学び× ＩＣＴ「超」入門

佐々木 潤 著

２０２２年発刊のベストセラー『個別最適な学び×協働的な学び×ＩＣＴ入門』，待望の第２弾。「個別最適な学び×協働的な学び×ＩＣＴ」を公立学校でも成功させるポイントを，はじめの一歩から各教科の授業デザイン，取り組んだ先生の体験談からＱ＆Ａまでを１冊に。

Ａ５判 192 ページ／定価 2,376 円(10% 税込)
図書番号 2135

「発問」のデザイン 子どもの主体性を育む 発想と技術

宗實 直樹 著

子どもたちが主体的な学びを実現するための発問づくりの考え方と技術とは？発問の基礎基本からその分類と組織化の方法，「良い発問」の条件から見方・考え方を育てる発問のつくり方，子どもの思考を揺さぶる発問から授業展開まで。発問づくりの秘訣を凝縮した１冊です。

Ａ５判 200 ページ／定価 2,486 円(10% 税込)
図書番号 2399

学習指導案の理論と方法

米田 豊・植田真夕子 著

「なぜ学習指導案を書くのか？」教材観や指導観を基盤とした確かな学習指導案の理論と方法。目標の記述から単元の指導計画，研究主題との関連から単元の構造図のとらえ，指導過程から板書計画，評価規準まで。具体的な指導案と授業実践モデルで詳しく解説しました。

Ａ５判 160 ページ／定価 1,980 円(10% 税込)
図書番号 0218

明治図書　携帯・スマートフォンからは **明治図書ＯＮＬＩＮＥへ**　書籍の検索，注文ができます。▶▶▶

http://www.meijitosho.co.jp　＊ 併記 4 桁の図書番号（英数字）で，ＨＰ，携帯での検索・注文が簡単に行えます。

〒114-0023　東京都北区滝野川 7-46-1　ご注文窓口　TEL 03-5907-6668　FAX 050-3383-4991

教師と保護者ための
子どもの学び×ＡＩ入門

福原 将之 著

子どもたちが将来ＡＩ格差に陥ることなく幸せに生きるために，私たちが今出来ることとは？教育における生成ＡＩの基礎基本と活用ポイントをまとめたトリセツに加え，最新の教育活用事例を取材をもとに詳しく解説します。ＡＩ時代の教師と保護者にとって必携の一冊です。

Ａ５判 160 ページ／定価 2,046 円(10% 税込)
図書番号 3141

令和型不登校対応マップ
ゼロからわかる予防と支援ガイド

千葉 孝司 著

近年また増加傾向にあると言われる不登校。コロナ禍やＳＮＳの影響など，不登校の原因も社会情勢や環境の変化により多様化してきています。正解がない令和ならではの不登校対応について，教師と子どもの場面別の会話例も入れて解説しました。明日の道標となる１冊です。

Ａ５判 144 ページ／定価 2,046 円(10% 税込)
図書番号 2411

『学び合い』
誰一人見捨てない教育論

西川 純 著

「一人も見捨てない」教育は，『学び合い』でどのように実現出来るのか。その基礎基本からつまずくポイント，読者からの疑問に応えるＱ＆Ａから『学び合い』の応用法，活かし方までを１冊にまとめました。個別最適な学びを目指すこれからの教育に必携の書です。

Ａ５判 176 ページ／定価 2,266 円(10% 税込)
図書番号 2634

苦手でもできる！
ＩＣＴ＆ＡＩ活用超入門
個別最適な授業づくりから仕事術まで

朝倉 一民 著

ＩＣＴやＡＩって言われても…という先生も必見！授業での子どものやる気向上と校務の効率化を実現する！！ＩＣＴ＆ＡＩ活用はじめの一歩。個別最適な学びを目指した一斉学習・個別学習・協働学習での活用法から学年別ＩＣＴ授業プラン，校務で活用する仕事術までを紹介。

Ａ５判 152 ページ／定価 2,266 円(10% 税込)
図書番号 1633

明治図書　携帯・スマートフォンからは　明治図書ＯＮＬＩＮＥへ　書籍の検索、注文ができます。▶▶▶

http://www.meijitosho.co.jp　＊ 併記4桁の図書番号（英数字）で、HP、携帯での検索・注文が簡単に行えます。

〒114-0023　東京都北区滝野川7-46-1　ご注文窓口　TEL 03-5907-6668　FAX 050-3383-4991

Shared Leadership
シェアド・リーダーシップで学級経営改革

赤坂真二・水流卓哉 著

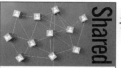

「シェアド・リーダーシップ」で誰もが活躍できる学級に!

「シェアド・リーダーシップ」は,それぞれの得意分野に応じて必要なときにリーダーシップを発揮する考え方です。能力に凸凹のある子ども達が,それぞれの強みを生かしてリーダーシップを発揮していける「全員がリーダーになり活躍できる」学級経営の秘訣が満載です。

A5判 216頁
定価2,486円（10%税込）
図書番号 4209

明日も行きたい教室づくり
クラス会議で育てる心理的安全性

赤坂真二 著

教室全体を,明日も行きたくなる「大きな安全基地」に!

いじめや不登校,学級の荒れなど教室に不安を抱える児童生徒は少なくありません。子どもが明日も行きたくなる教室づくりに必要なのは「心理的安全性」です。アドラー心理学の考え方に基づくアプローチとクラス会議を活用した「安全基地」としての教室づくりアイデア。

A5判 208頁
定価2,376円（10%税込）
図書番号 3292

人間関係形成能力を育てる
学級経営365日ガイドブック

1年 2年 3年 4年 5年 6年

赤坂真二・髙橋朋彦・宇野弘恵・深井正道・松下　崇・岡田順子・北森　恵 著

学級づくりの必読書

図書番号 3721～3726
A5判 168頁～208頁
定価2,376円～2,486円（10%税込）

☆人気著者が学年別に1年間365日の学級づくりのポイントを徹底解説!
☆人間関係形成能力をキーワードに,月ごとの学級づくりの具体的な取り組みを直伝!

人間関係形成能力を育て,学びやすく居心地のいいクラスづくりへ!子どもたちの「つながる力」を引き出すことで,学級は最高のチームになります。各学年別に,1年間365日の学級づくりについて,月ごとのポイントをまとめてわかりやすく解説した学級担任必携の書です。

明治図書　携帯・スマートフォンからは **明治図書ONLINE へ**　書籍の検索,注文ができます。▶▶▶
http://www.meijitosho.co.jp ＊併記4桁の図書番号（英数字）でHP,携帯での検索・注文が簡単に行えます。
〒114-0023　東京都北区滝野川7-46-1　ご注文窓口　TEL 03-5907-6668　FAX 050-3156-2790

バックキャスト思考で創る学級経営

赤坂 真二 著

未来のあるべき姿を考え，そこから逆に現在を見るバックキャスト思考で，学級経営が変わる！長期的な視点で考えることで，現状の制約にとらわれないアイデアや正解が見えない課題への対応，成長志向のアプローチが可能になります。変化の激しい時代に必携の学級経営論。

Ａ５判 192 ページ／定価 2,486 円(10% 税込)
図書番号 5017

教師のデジタル仕事術 毎日の授業から校務ＤＸまで

谷中 優樹 著

普段使いでここまで変わる！事務仕事がはかどり，子どもとの時間と笑顔も増えて教師もハッピーになるデジタル仕事術。毎日の業務や学級経営，思考ツール×デジタルで授業づくりにも活かせるデジタルについて，そのメリットと実際の使い方を丁寧に解説しました。

Ａ５判 152 ページ／定価 2,200 円(10% 税込)
図書番号 2682

クラス満足度１００％の学級経営アイデア
笑顔あふれるクラスへの仕掛け

樋口 万太郎 監修／島田 航大 著

いいね先生として，先生を 100％楽しむ方法を発信している著者が，笑顔があふれるクラスを実現する学級担任の仕事術を直伝。最高の１年を始める準備から毎日のクラスが楽しくなる取り組み，いい雰囲気になる教室づくりから効果的な言葉がけなどその秘訣を１冊に。

Ａ５判 152 ページ／定価 2,310 円(10% 税込)
図書番号 0564

理科授業がおもしろい先生が実はやっている授業づくり５６のアイデア

吉金 佳能・衛藤 巧・田中 翔 編著

理科授業を，もっとおもしろく！教科の本質に迫る魅力的な授業づくりにアップデートする秘訣を，「仕掛け」「観察」「スキル」「ＩＣＴ」「授業開き・授業参観」「アウトプット」「個別最適な学び」「探究」の８つの視点からまとめました。

Ａ５判 144 ページ／定価 2,156 円(10% 税込)
図書番号 6225

明治図書　携帯・スマートフォンからは　明治図書ＯＮＬＩＮＥへ　書籍の検索、注文ができます。▶▶▶

http://www.meijitosho.co.jp　＊ 併記４桁の図書番号（英数字）で、HP、携帯での検索・注文が簡単に行えます。

〒 114-0023　東京都北区滝野川 7-46-1　ご注文窓口　TEL 03-5907-6668　FAX 050-3383-4991